HISTORIETA DE VENEZUELA

De Macuro a Maduro

1.ª edición: noviembre de 2018

© Laureano Márquez, 2018
© Eduardo Sanabria, 2018

Todos los derechos son reservados. Queda
rigurosamente prohibida, sin autorización escrita
de los titulares del copyright, bajo las sanciones
establecidas en las leyes, la reproducción parcial o total
de esta obra por cualquier medio o procedimiento,
incluidos la reprografía y el tratamiento informático.

ISBN: 978-1-7328777-1-9

TEXTOS E ILUSTRACIONES
© Laureano Márquez
© Eduardo Sanabria

DISEÑO GRÁFICO
Marcel Querales

CORRECCIÓN
Magaly Pérez Campos

IMPRESIÓN
Gráficas Pedraza
www.graficaspedraza.com
Pza. de los Mostenses, 1 Bajo • 28015 Madrid.

CONTENIDO

AGRADECIMIENTOS 06

PRÓLOGOS 08

Tierra de Gracia
Esa España que somos

13

La Independencia
Del bochinche a la república

29

La Cuarta República
La cuarta, la verdadera cuarta, la única cuarta

43

La democracia pierde energía
De la abundancia de recursos a la escasez de criterio

109

Bienvenidos al siglo XX
"No hay mal que dure cien años"...
...¡ni cuerpos casi tampoco!

Civilización vs. barbarie...
... la eterna lucha de nuestra historieta: ¡¿hasta cuándo, Dios mío?!

¡Por fin, democracia!
El anhelado momento de la civilidad

57 **71** **91**

149 **167** **181**

Llegó la dictablanda...
... y llegó el vengador con su plan

¡Patria, socialismo y muerte!
... Sí, la muerte de la democracia

La dictadura
Volvió la barbarie, esta vez bailando al ritmo de salsa

206 CARTA AL LECTOR

208 LA DIÁSPORA: UN FENÓMENO NUEVO

214 MESA DE TRABAJO

218 VENEZUELA: EL HORROR Y LA ESPERANZA

220 BIBLIOGRAFÍA

AGRADECIMIENTOS

Queremos agradecer a tres magníficas profesionales sin las cuales este libro habría sido imposible:

A Jessica Naranjo, quien se ocupó de todo lo que tuvo que ver con la producción y lanzamiento de este libro.

A Marcel Querales, responsable del complejo diseño de esta publicación.

Y a Magaly Pérez Campos, a cuyo cargo estuvo todo lo relacionado con la revisión y corrección de los originales.

También agradecemos a Google y a Skype.

PRÓLOGOS

El término "historieta" tiene varias acepciones. Según el *Diccionario de la Real Academia Española*, la misma que limpia, fija, da esplendor y saca brillo al idioma de Cervantes, la palabra "historieta" es un diminutivo de historia.

Este es un libro de historia de Venezuela en diminutivo, una síntesis -pretendemos que con ingenio- de la historia nacional, del largo período que va desde la llegada de Colón hasta la actualidad, es decir, de Macuro a Maduro. Sus autores somos esencialmente humoristas; por tal razón, en vez de un libro de historia (misión para la cual no estamos habilitados), ofrecemos una historieta, con la agudeza de Edo en la caricatura -con quien ha sido para mí un extraordinario honor y un gran aprendizaje trabajar, discutir y meditar en conjunto acerca de nuestro devenir como pueblo. Lo admiro profundamente y lo tengo por uno de los humoristas gráficos más ingeniosos del país-. Hasta donde tengo noticia, es la primera vez que algo así se hace en Venezuela, razón por la cual, además de ser un libro sobre nuestra historia, es en sí mismo un libro histórico.

El título de este libro conlleva -sin duda- una valoración sobre nuestra historia, sobre la seriedad que se echa de menos en algunas de las circunstancias que determinan lo que hoy somos. Venezuela es -ciertamente- un país en el que han sucedido y suceden cosas insólitas, frente a las cuales el ciudadano común se queja a veces diciendo: "Es que somos un país de comiquitas", lamentando así la falta de seriedad de algunos hechos. Pues esta es una historia de comiquitas. A veces las cosas serias hay que analizarlas con un toque de humor para entenderlas mejor.

El humor, decía Aquiles Nazoa, "es una manera de hacer pensar sin que el que piensa se dé cuenta de que lo está haciendo". Nos gustaría que esta historieta nos ayudara a pensarnos un poquito mejor, a querernos más y, quizá, a ser un poco más indulgentes con nosotros mismos, a ver algunos de nuestros hechos más serios con cierto humor y a encontrar en él algunos elementos sobre los cuales pensar en serio.

Los autores de este libro, al pasearnos por los acontecimientos de nuestro ayer con el propósito de presentar con gracia a esta Tierra de Gracia, encontramos que muchos hechos del presente se "repiten" en el pasado. Dicho de otra manera, como expresó una vez con mucha autoridad un cubano refiriéndose a su país: "Lo peor que tiene el futuro es el pasado que nos espera". Hemos seleccionado, siguiendo nuestro criterio e intuición, los que consideramos los grandes hitos de nuestra historia. Asumimos la responsabilidad de aciertos y omisiones, que para ello ya somos también nosotros bastante grandes hitos.

Si este libro logra hacer que los venezolanos nos interesemos más seriamente por nuestra fascinante historia y renovemos en nuestro espíritu el viejo anhelo de nuestros antepasados por una república de hombres libres, de democracia y de progreso, habremos logrado nuestro cometido, porque como dice el profesor Tomás Straka: "Estudiamos la historia para librarnos de la historia" y si algo demuestra esta historieta es que los venezolanos aún tenemos demasiadas cosas de las que librarnos.

Laureano Márquez P.
A 208 años de la Independencia, 159 de la Federación y 20 de la tragedia.

Yo nací en 1970. Se puede decir que casi la mitad de mi vida la viví en el período democrático, ese que mal llamaron la "Cuarta República", donde "éramos felices y no lo sabíamos", pero donde también había muchos que no lo eran y lo sabían. Mi madre y mis tíos hablaban mucho de política. Como en muchas familias, en la mía había adecos, copeyanos y "ñángaras" (estos últimos se curaron después).

Por allá por el año 1982, mis padres me dijeron que tal vez nos llevarían a Disney a mi hermano y a mí. Estaban sacando sus cuentas y les daba como para darse ese gusto. Entonces llegó el famoso "viernes negro". Adiós Mickey Mouse. Yo no entendía absolutamente nada (dólares oficiales, bolívares, control de cambio). A partir de ese momento, comencé a interesarme más por la historia y la política. Trataba de entender los artículos de opinión de los periódicos, las revistas, las entrevistas en los programas de TV. El problema era que un niño de catorce años rara vez entiende o digiere la historia tal como es contada de la manera tradicional.

Como siempre me gustaron los cómics y el humor gráfico, me habría gustado haber tenido, en esa época, un cómic o novela gráfica que me echara el cuento de nuestra nación desde el principio hasta ese presente (década de los ochenta), para entender un poco cómo habíamos llegado hasta ahí. En el segundo gobierno de Caldera (allá por 1994), comencé a publicar mis primeras caricaturas políticas en prensa. Después, la llegada de Hugo Chávez al poder coincidió con mi trabajo fijo en la Cadena Capriles, donde me dediqué de lleno al humor gráfico. Siempre veía con preocupación el empeño de Chávez por borrar la historia. A medida que pasaban los años, la necesidad de contarla con humor reflexivo se me hacía ya una tarea impostergable.

En el 2015, junto a Laureano Márquez, comenzamos a plantearnos la idea seriamente: un libro sobre nuestra historia hecho a cuatro manos, en formato cómic y con humor podía quedar interesante. Creo que nunca se había realizado en Venezuela. El problema era llevar esa idea a la práctica. Debíamos gerenciar bien nuestros tiempos para coordinar reuniones de trabajo, muchas veces a distancia.

En el 2016 arrancamos. Nos convertimos en escritores, dibujantes, gerentes de mercadeo, gerentes de logística, productores...

Nos pusimos como meta este 2018 porque se cumplen veinte años de la llegada de Hugo Chávez al poder, con todo lo que significó para Venezuela. Chávez no llegó en una nave espacial como por arte de magia. Había un gran descontento en nuestro país, pero también es cierto que la descomunal propaganda chavista demonizó todo lo que tuviera que ver con el Pacto de Puntofijo e hizo que muchos se avergonzaran del período de los cuarenta años de democracia. Era necesario reivindicarla históricamente, desde el lado del humor y del cómic, para hacerla más accesible a las nuevas generaciones.

Esta historieta va desde la llegada de Colón hasta el período reciente de Nicolás Maduro. Todo un viaje para vernos como país, como sociedad, para entender por qué siempre estamos a la espera de un salvador, por qué somos un país tan dependiente del oro negro o por qué privilegiamos lo militar sobre lo civil. La idea es no llover sobre mojado, no repetir los mismos errores. También queremos que los más jóvenes vean nuestros logros, lo grande que fue nuestro país antes de la llegada de esta larga noche llamada "chavismo", que arrasó con casi toda civilidad e institucionalidad.

Este libro también va dirigido a la diáspora, que siempre va a tener amigos de otras nacionalidades que le preguntarán: "¿Y cómo fue que ustedes pasaron de ser un país 'rico' a ser lo que son ahora?". Creemos que este es un buen resumen. Tiene muchos guiños; no se puede leer en un día: hay que dejarlo reposar, volverlo a retomar para ver detalles que seguro se les habrán pasado por alto.

Quiero agradecer de manera muy especial a mi esposa, Marcel, y a mi hija, Sofía: mis motores. A mi mamá, Martha, y a toda mi familia. También a mi querida Pimali Felibert. Seguro le habría encantado esta historieta.

Este era el libro que yo habría querido leer cuando tenía quince años.

Aclaro: no somos historiadores, somos historietistas.

Eduardo Sanabria EDO
Octubre 2018

TIERRA de GRACIA

Las nuevas tierras que he descubierto, en las cuales tengo asentado en mi ánima que está el Paraíso Terrenal...
DIARIO DE COLÓN

(Los venezolanos creemos que Colón no se equivocó).

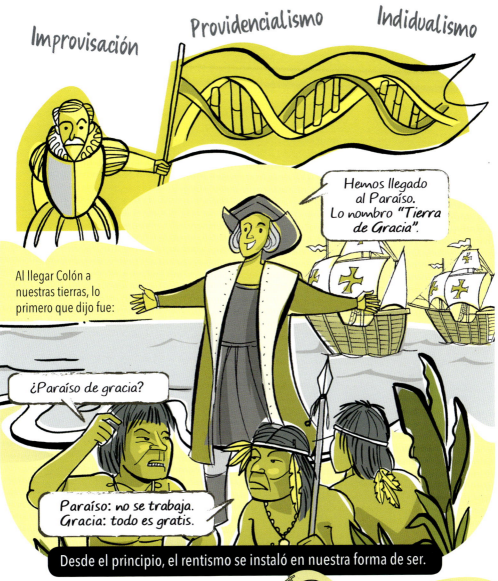

Estas ideas trajeron a su vez conspiraciones que perseguían nuestra independencia. Una de las más famosas fue la llamada conspiración de **Gual** y **España,** en 1797.

Aunque esta conspiración fracasó, tuvo una considerable influencia en los movimientos venideros.

SE BUSCA
VIVO O MUERTO
conspirador, fascista, escuálido

NOMBRE: Sebastián Francisco de Miranda.

OCUPACIÓN: revolucionario profesional (de los de verdad). Participó en la Revolución francesa, en la Guerra de Independencia de los Estados Unidos y en la Revolución hispanoamericana.

APODO: el Precursor.

CARGOS:
- Generalísimo.
- Teniente general.
- Almirante en jefe de Venezuela.
- Mariscal de Francia.
- Capitán y coronel de España.
- Coronel de los Estados Unidos de América y Rusia.

HOBBIES:
- Escribir un diario.
- Aprender idiomas.
- Estudiar batallas.
- Seducir damas.
- Invadir Venezuela.

Comienza entonces nuestra primera misión diplomática: los abogados Andrés Bello y Luis López Méndez son enviados a Londres a buscar apoyo para la independencia. Los acompaña un joven que dará mucho de qué hablar en nuestra historieta: **Simón Bolívar.**

La misión no tuvo éxito, pero convencieron a Miranda de que volviese a incorporarse a la lucha por la independencia.

Para colmo, la naturaleza no estaba de nuestro lado. En marzo de 1812, un Jueves Santo, un terremoto sacude a Caracas. La Iglesia quiere pescar en río revuelto:

Bolívar tenía temple y garra. Era impulsivo, dispuesto a todo por nuestra libertad. Pero esa impulsividad y esa impericia lo llevaron a cometer su primera gran novatada: perder nuestra plaza militar más importante: Puerto Cabello.

El terremoto, una economía en ruinas, los esclavos alzándose y la guinda de la torta: la caída de Puerto Cabello, hacen que Miranda firme la capitulación ante los realistas sellando así **la pérdida de la Primera República.**

Esta acción de Miranda es considerada una traición por los patriotas. El 31 de julio de 1812, en La Guaira, el precursor es detenido por varios oficiales, entre ellos Bolívar.

En Venezuela se pasa con facilidad de ser querido a ser odiado…
Y eso que en esos tiempos no existían los guerreros del teclado. Se toma entonces la decisión menos mala: entregar a Miranda a las tropas españolas. Es encarcelado hasta su muerte.

Miranda dedicó su vida a la lucha por la independencia americana. Fue un hombre de una cultura universal; dominó seis lenguas, cuatro vivas y dos agonizantes. Luchó en todas las revoluciones de su tiempo y salió ileso de batallas y juicios. Pero en la que más le importaba: la hispanoamericana, se le complicó la cosa. Acostumbrado a comandar ejércitos disciplinados, por estos lares solo encontró bochinche… Para unos fue "el criollo más universal"; para otros siguió siendo, simplemente, "el hijo de la panadera".

La INDEPENDENCIA

Con la voluntad y autoridad que tenemos del virtuoso Pueblo de Venezuela, declaramos solemnemente al Mundo que sus Provincias Unidas son y deben ser de hoy en más, de hecho y de derecho, estados libres, soberanos e independientes.
ACTA DE INDEPENDENCIA

(Pues habrá que declararla nuevamente).

Bolívar entra en Caracas como capitán general de los ejércitos de Nueva Granada... En su ciudad natal lo nombran general en jefe (de los de verdad, de los que ganan batallas); la municipalidad lo proclama Libertador, Hijo ilustre y Padre de la Patria, dueño de la pelota y novio de la madrina.

Tras el éxito de la Campaña Admirable, nace la **Segunda República**. No iba a durar mucho. Los españoles iban a contar con un inesperado y oportuno aliado: **José Tomás Boves**, el primer caudillo de nuestra historia.

Boves era un modesto pulpero despreciado por los mantuanos. Lo consideraban "blanco de orilla" por su condición social.

No solo lo despreciaron: lo acusaron de traidor, de pactar con los españoles. Su pulpería fue quemada y su esposa asesinada frente a su hijo. Lo sentenciaron a muerte. **El monstruo había sido creado.**

Los españoles lo liberan. A partir de ese momento, Boves se les une. Desde los Llanos comandó una rebelión social: se le unieron los llaneros, los pardos y los negros en favor de la causa española. No reconocía otra autoridad que la suya. Estimuló el pillaje, la crueldad en la guerra. En cierto sentido, para la Venezuela del abuso, la corrupción y el crimen, él también fue un precursor.

La respuesta de Boves al Decreto de guerra a muerte de Bolívar fue más muerte. No daría tregua. Corría el año 1814, conocido en nuestra historia como "el año terrible". Cualquier blanco o mantuano que se le atravesara no vivía para contarlo.

Bolívar, en Caracas, acusa recibo.

Bolívar toma la difícil decisión de emigrar a Oriente. Quería salvar el mayor número de vidas posible. Es la primera vez que los venezolanos huyen en masa del horror… lamentablemente no será la última. De Caracas salen 20 000 civiles, custodiados por 1200 soldados. Miles murieron en este difícil trayecto. Los que quedaron vivos se salvaron de la furia de Boves, que al llegar a la capital proclamó "degüello general contra los blancos".

¡No me calo más este frío!

¿Prefieres calarte a Boves?

¡Chico, qué calorrr!

Boves parecía indetenible. Pero el 5 de diciembre de 1814, en la batalla de Urica, sucede lo que los patriotas deseaban. El Frankenstein creado por la Primera República, y que mató a la Segunda República, muere.

¿Era un republicano? ¿Un monárquico? ¿Un pirata? ¿Un loco? ¿Un populista? ¿Un anarquista? Quién sabe. Al parecer solo peleaba por venganza y odio. El resentimiento no es buen consejero y nunca tiene buen final.

Aunque Boves muere en la batalla de Urica, allí se pierde también la Segunda República (¡y van dos!). Bolívar se va hasta Haití y vuelve a organizar la invasión de Venezuela. Para ello pide ayuda a su presidente, Alexandre Petion:

> Billete, cobres, plata, barcos, helados, lo que sea.

> ¡Hecho!

Sale primero la **expedición de los Cayos** (no callos y menos a la madrileña) y luego otra, llamada de **Jacmel**, por el lugar de donde partió en Haití.

Los patriotas conquistan el sur del país. Ahora las operaciones de la independencia se organizan desde Guayana con precarios recursos. Claro, no se sabía nada entonces del arco minero.

> ¡Tus victorias son el más brillante suceso que hayan alcanzado nuestras armas en Venezuela!

Esta conquista no habría sido posible sin **Manuel Piar**. Al ganar la batalla de San Félix, en 1817, consolida la liberación de la provincia de Guayana. Expulsa a los realistas y deja un territorio libre, vital para Bolívar y su campaña independentista.

Las relaciones entre Piar y Bolívar eran agridulces. Por una parte, los mantuanos no lo querían por ser pardo (hijo de una mulata) y, por otra, Piar consideraba que se necesitaba un liderazgo vinculado a todos los sectores sociales. En otras palabras: había choque de egos.

> ¡La libertad no puede ser solo de los blancos! ¡Todos tenemos los mismos derechos!

> Este está conspirando contra la patria. Se nos van a alzar los pardos y negros.

Piar era muy popular entre las castas más desfavorecidas. Bolívar veía en ello un peligro de división social y de insubordinación. Necesitaba fortalecer su liderazgo. Un liderazgo centralizado.

Acá hay un solo libertador.

¡Te van a tumbar! ¡Pon orden en la pea! ¡Carácter!

El **Consejo de Guerra** sentenció al general Piar a la **pena capital** por los delitos de **insubordinación, deserción, sedición y conspiración**. Simón Bolívar confirmó la sentencia sin degradación. El 16 de octubre de 1817 fue fusilado el general en jefe Manuel Piar frente al muro del costado occidental de la catedral de Angostura.

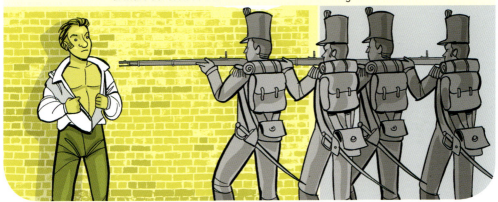

¿Choque de ambiciones?
¿Necesidad de imponer autoridad?
¿Conspiración fascista?
¿Guerra mediática?

Dios mío, ¿qué he hecho?
¡He derramado mi propia sangre!

Según una leyenda urbana, Bolívar y Piar eran hijos del mismo padre. Tal vez por ello, Bolívar no pudo dormir tranquilo nunca más.

¡No lo maten!
¡No lo maten!

En Angostura (la misma del amargo de Angostura), actual Ciudad Bolívar, se organiza la que hoy llamamos la **Tercera República**. Se funda el primer periódico: el *Correo del Orinoco* (¡en aquellos tiempos el gobierno no cerraba periódicos, sino los abría!).

Se convoca en 1817 el **Congreso de Angostura**, el segundo congreso constituyente… Allí Bolívar pronuncia su mejor discurso, el llamado **Discurso de Angostura**; un Bolívar maduro (¡con perdón!) que ha entendido las necesidades de las nacientes naciones y sus carencias y debilidades.

> Moral y luces son nuestras primeras necesidades.

> Un pueblo ignorante es un instrumento ciego de su propia destrucción.

> Nada es tan peligroso como dejar permanecer largo tiempo en un mismo ciudadano el poder. El pueblo se acostumbra a obedecerle y él se acostumbra a mandarlo; de donde se originan la usurpación y la tiranía.

> El sistema de gobierno más perfecto es aquel que produce mayor suma de felicidad posible, mayor suma de seguridad social y mayor suma de estabilidad política.

¿Cuántas de estas frases siguen aún vigentes?

Pero quizá la tarea más ambiciosa del Congreso de Angostura fue la creación de lo que hoy llamamos la Gran Colombia, y que en aquel entonces se denominaba, simplemente, la República de Colombia (en honor a Colón y rememorando la Colombeia de Miranda). Reunía a las provincias de Venezuela, Ecuador, Panamá y Nueva Granada. Era el sueño de Bolívar, una América unida.

¡Seremos una nación potencia!

Sin embargo, los intereses, ambiciones y la extensión y diversidad de la nueva nación iban a conspirar en contra de su unidad.

La guerra por la independencia seguía su curso. Otro caudillo militar se une a su causa, un hombre de los llanos portugueseños: **José Antonio Páez**, una figura que copará la escena política venezolana en los cuarenta años siguientes, siendo presidente de Venezuela en tres ocasiones.

¡Bienvenido a la lucha!

¡Voy sin freno!

Lo llamaron "ciudadano esclarecido" y "el león de Payara". Los que se le oponían lo llamaron de otras maneras que preferimos no revelar aquí…

Páez acrecentará su fama con la batalla de las Queseras del Medio (estado Apure). Tenía solo 153 lanceros contra 1200 realistas (bueno, más o menos). Era una diferencia abismal. Entonces, el catire aplica su ya legendaria táctica: simula una huida con sus lanceros y cuando los españoles, envalentonados, los persiguen, Páez da la orden de contraataque.

¡Vuelvan caras, carajo!

Y así, con una desventaja de 10 a 1, el león de Payara y sus centauros acaban con la tropa española. Bolívar condecora a Páez y sus valientes llaneros con la Orden de los Libertadores.

Otro de nuestros héroes fue **Antonio José de Sucre**, quien desde los 15 años se unió, primero a la causa de la independencia venezolana, y después a la hispanoamericana. Liberó a Ecuador, Perú y Bolivia.

Eres un ser humano excepcional. Serás mi sucesor.

Fue el redactor del **Armisticio de Guerra**, con el cual quedaba derogada la guerra a muerte, se acordaba una tregua de seis meses y se fijaban las bases para el trato humanitario que debían recibir los vencidos por parte de los vencedores a partir de cualquier conflicto futuro.

Terminada la tregua, llegamos así a la batalla de Carabobo. Acá tiene protagonismo un personaje muy conocido por los venezolanos: Pedro Camejo, mano derecha de Páez. Era el primero en salir siempre a la batalla. Lo bautizaron como **"Negro Primero"**. En Carabobo, es distinto. Páez nota que Camejo esta vez se queda atrás y lo emplaza:

¿Vas a huir, cobarde?

Mi general, vengo a decirle adiós porque estoy muerto.

¡Desde que se inventaron las excusas, no había oído una tan buena!

Como Negro Primero, muchos patriotas murieron en el Campo de Carabobo. Pero no fue en vano. Esta batalla fue decisiva en la liberación de Caracas, así como la del resto del territorio venezolano, y selló nuestra independencia.

Bolívar emprende, junto a Sucre, la Campaña del Sur.

¡Liberamos a Venezuela!

Ahora nos faltan Ecuador, Perú, Bolivia... ¡y consolidar la Gran Colombia!

No es sino hasta 1821 cuando la Gran Colombia comienza a funcionar como Estado. Verificada la tendencia irreversible de la votación, Simón Bolívar es electo como su primer presidente y Francisco de Paula Santander como su vicepresidente.

¡Nos están dejando como la guayabera!

Al momento de su creación, la Gran Colombia era el país hispanoamericano de mayor prestigio en el mundo. Pero no todo era color de rosa. Al estar Bolívar en campaña de guerra, casi todas las decisiones ejecutivas las tomaba Santander desde Bogotá. Esto no era bien visto por los demás departamentos.

No me la calo. ¡Nos separamos!

Páez se debate entre su lealtad a Bolívar o la lealtad a la patria. Se rebela entonces. Ese movimiento secesionista se denominó "la Cosiata". Bolívar, quien tenía 5 años sin venir a Venezuela, viaja e intenta convencer a Páez. Lo ratifica como **jefe civil y militar del Departamento de Venezuela**.

¡No estás viendo la dimensión del proyecto!

¿Un proyecto en el cual tú serás el monarca absoluto?

¡Estamos en guerra, hace falta una sola voz central!

Bolívar crea vía decreto una nueva Constitución centralista y propone la Presidencia vitalicia en Perú. En un intento desesperado por salvar su sueño de unión, intenta lo mismo en Colombia.

"El presidente (es decir, este que está aquí) será vitalicio y el cargo será hereditario."

"¡Chamo, no quieres nada! ¡Te va a atropellar un potrillo!"

"¿Tanto nadar contra la monarquía española para morir en la orilla de este rey sin corona?"

"¡Hay que liquidarlo!"

Esta Constitución iba en contra de la Constitución original de la Gran Colombia, que establecía la alternabilidad en el poder. Con esta última acción, Bolívar se gana aún más enemigos de los que ya tenía.

El 25 de septiembre de 1828, en Bogotá, se lleva a cabo un atentado contra su vida. Sale ileso gracias a su pareja, Manuela Sáenz.

"¡Sálvate, amor mío!"

"¡Eres mi libertadora!"

"Usted tiene el pasaporte anulado por robo."

En 1830, **Venezuela se separa formalmente de la Gran Colombia**. La última esperanza de Bolívar era su buen amigo Antonio José de Sucre. Bolívar lo manda a Venezuela a tratar de negociar con Páez, pero este no lo deja pasar.

Sucre regresa a Bogotá. Intenta negociar con los colombianos para no dejar morir la Gran Colombia. Muchos veían en él un peligro por ser el heredero de Bolívar, el que podía continuar con su legado. Las negociaciones no tienen éxito y Sucre parte a Ecuador. Lo esperaba la fatalidad.

Envuelta en contradicciones, rencillas y también legítimos intereses de realidades socioculturales dispares, el sueño de unidad hispanoamericana -cuya viabilidad quizá no midió del todo su promotor- termina, en 1830, en la separación de las provincias que la integran. Ya cansado y enfermo, Bolívar decide renunciar. Pide un pasaporte para exiliarse en Europa.

La noticia del asesinato de Sucre, y su renuncia, lo afectan profundamente. No le da tiempo de viajar a Europa. El 17 de diciembre de 1830, muere en Santa Marta, Colombia.

De las personalidades de nuestra historia, la de Bolívar ocupa un papel central, al punto que le hemos edificado un Panteón, nuestro país lleva su nombre y hasta nuestra devaluada moneda también. Plazas, avenidas. Bolívar es el Padre de la Patria. Algunos que vinieron después de él invocaron siempre su nombre, pretendieron ser sus herederos e incluso usaron sus ideas para ocultar sus propias ambiciones y atrocidades.

¿Quién fue realmente Bolívar: un hombre o una especie de dios? Bolívar fue un hombre de su tiempo, uno de esos hombres especiales que encarnan proyectos o ideas de muchos. **Con aciertos y errores...**

Perdió Puerto Cabello.

Declaró la guerra a muerte.

Fue dictador.

En Bolivia propuso la Presidencia hereditaria.

Hizo la Campaña Admirable.

Comandó la independencia americana.

Fundó repúblicas con división de poderes y magistraturas.

Nunca aceptó coronarse rey.

Bolívar fue expresión de su tiempo, con gran intuición acerca del destino americano. Algunos de sus sueños fueron irrealizables, pero dejó a su muerte un rosario de naciones libres, aunque cada quien entendió la libertad de una manera distinta. Fundó repúblicas que aún luchan por fundar ciudadanía. ¡Ah!, y otra cosa: no solo nunca se robó un centavo, sino que puso sus bienes al servicio de la nación.

La CUARTA REPÚBLICA

El mundo es del hombre justo.
José María Vargas

(Justo en este momento
no es así, pero debemos seguir
trabajando para que lo sea).

Con la definitiva separación de la Gran Colombia, nace la Venezuela que conocemos hoy. Bueno, más o menos, porque nos hemos venido encogiendo. En 1830 comienza lo que la historiografía nacional suele denominar **Cuarta República**; la tan vilipendiada, criticada y repudiada Cuarta República, o simplemente "la Cuarta".

Nuestra independencia fue la más costosa, la más sangrienta, larga y destructiva de todos los países latinoamericanos. Hubo países que en 6 meses ganaron su independencia. En Venezuela la guerra duró 15 años aproximadamente. Un pequeño país de 700 000 habitantes había perdido una tercera parte de su población. Teníamos un país deshecho. Había que rehacerlo, recomenzarlo. Los héroes de la guerra de Independencia serán los conductores del naciente país; los hombres de armas, soldados... en definitiva, **los caudillos**. Cada uno se sentía forjador de la patria, amo y señor del país. Comienza así un siglo turbulento de alzamientos, revoluciones (casi siempre militares).

El 6 de mayo de 1830 se efectuó el Congreso Constituyente de Venezuela y, el mismo día, los congresistas decidieron que el general **José Antonio Páez** continuaría en el desempeño de las funciones del Poder Ejecutivo.

El Congreso Constituyente de Venezuela sancionó el 22 de septiembre de 1830 la Constitución que debía regir la nueva **República de Venezuela**. El general **José Antonio Páez**, héroe de las Queseras del Medio (no una fábrica de queso, sino una batalla), de Mucuritas y de Carabobo, es electo presidente para el período 1831-1835.

Páez se dedicó a arreglar la Hacienda pública y a construir las bases institucionales de la nueva nación. El catire va a ser el principal protagonista de la primera mitad del siglo XIX de nuestra historieta. Sobre sus hombros recayó parte de la tarea de rehacer este país, deshecho por la guerra de Independencia, desde 1830 en adelante.

El Congreso se dispone a elegir al nuevo presidente para el período 1835-1839. Ciertos sectores del país veían con simpatía al **Dr. José María Vargas**, como un contrapeso civil a la hegemonía militar caudillista.

José María Vargas fue electo presidente en 1834. Posteriormente, el 8 de julio de 1835, estalló la Revolución de las Reformas, dirigida por **Pedro Carujo**, quien lo apresa y exilia a Saint Thomas. Desde nuestro nacimiento como república, los civiles quedaron relegados.

Luego de la accidentada presidencia de Vargas, llega al poder **Carlos Soublette**. En su gobierno, Venezuela fue reconocida por el Reino de España como una república libre. Fue un militar que se mantuvo en la vía civil, apegándose a la Constitución y las leyes. También permitió la libertad de prensa y expresión.

Cuentan que un joven dramaturgo llamado Francisco Robreño escribió una sátira del poder titulada *Excelentísimo Señor*. Gracias a los adulantes, lo de la obra llegó a los oídos del gobierno y Soublette mandó a llamar al autor. El joven fue hasta el despacho del general, leyó la sátira y Soublette comenzó a reír.

> Veo que usted se burla de mí, pero le voy a ser honesto: esperaba mucho más.

> Vaya y monte su obra, porque Venezuela no se ha perdido ni se perderá porque el pueblo se ría de su presidente. Venezuela podrá perderse cuando el presidente se ría de su pueblo.

Aquí aparecen en nuestra historieta un montón de Monagas:

Uno no entiende por qué se habla de la hegemonía de los Monagas y no de la de los Josés.

> Yo gobierno, tú gobiernas él gobierna, nosotros arrasamos.

José Tadeo Monagas.
José Gregorio Monagas.
José Ruperto Monagas.

Los hermanos Monagas ya se habían alzado sin éxito contra Páez en 1831, proclamando la República de Colombia en el oriente del país, pero al final desistieron.

José Tadeo Monagas, quien también se había alzado en contra de Vargas en la Revolución de las Reformas (como puede notarse, la palabra "revolución" no es nueva en nuestra historia), es electo presidente en 1847. Desde el comienzo, José Tadeo mostró sus intenciones de gobernar sin rendir cuentas a los demás poderes. El Congreso de la época se dispone a enjuiciarlo. Sus seguidores no lo permiten.

¡Uh, ah, Monagas no se va!

¡Todos al Congreso!

El punto álgido llegó con lo que se conoce como **el asalto o fusilamiento al Congreso**. Aunque no se fusiló a nadie, hubo un enfrentamiento entre los partidarios de Páez (conservadores) y de José Tadeo Monagas (liberales). La trifulca dejó varios muertos. A partir de ese momento, José Tadeo toma el control. Comienza así **la hegemonía de los Monagas.**

Páez no volverá, no volverá

El primer gobierno de José Tadeo duró desde 1847 hasta 1851 y, para que todo quedara entre familia, propone a su hermano José Gregorio para el nuevo período 1851-1855. José Gregorio impulsa la **abolición de la esclavitud**, que ya había sido abolida muchas veces. Pero esta vez se indemnizaba, no a los esclavos, sino a sus propietarios. Es decir, que se hacía a la vez justicia y negocio…

— Este se nos va a morir de viejo. Mejor lo liberamos y así nos ganamos una platica extra, cortesía de papá Estado.
— ¡Genio!

Termina el período de José Gregorio y… ¿adivinen quién vino después? **¡Bingo!** ¡De nuevo José Tadeo!

— ¡Lo hago por amor a la patria, patria, patria queriiidaaa!

El tercer período de José Tadeo abarcaba desde 1855 hasta 1858. Es cuando José Tadeo modifica la Constitución para poder alargar el período y así quedarse un tiempito más en la Presidencia.

— ¡Reelección hasta el infinito y más allá!

Bueno era el cilantro, pero no tanto. Y así, en 1858, José Tadeo es depuesto. De nuevo se elabora ooootra Constitución (la de 1858). Asume la presidencia **Julián Castro**. El nuevo gobierno persigue a todos los liberales que apoyaban a los Monagas, lo que genera una diáspora hacia las Antillas, de donde saldrán los organizadores de la **Revolución Federal**. Y así llegamos a uno de los capítulos más violentos de nuestra historieta:

¡La Guerra Federal!

La mayoría del partido conservador se impone, y piden traer a Páez de nuevo al país para enfrentar a los liberales. Pensaban que su prestigio militar, político y moral sería suficiente para acabar con el enemigo. En 1861, el "catire" regresa y toma las riendas... como **dictador.**

No fue suficiente. Al final, la guerra terminó con una solución negociada: el **Tratado de Coche** (no la isla, sino Coche en El Valle). Los liberales llegan al poder. Se acuerda la salida de Páez (de nuevo) y la designación de Falcón como presidente provisional.

Usted será el jefe supremo civil, militar y comandante eterno con poderes ilimitados.

Páez no volverá, no volverá

La guerra federal fue la más larga después de la de Independencia. Fue una guerra de guerrillas, sobre todo en los Llanos y la zona central. Se habla de que murieron cerca de 200 000 personas sin que se lograran cambios sustanciales en la vida de la gente común. El general federalista **José Loreto Arismendi** lo resumió de esta manera:

Luchamos cinco años para sustituir ladrones por ladrones, tiranos por tiranos...

¿Les suena familiar?

El liberal **Antonio Leocadio Guzmán** (el papá de Guzmán Blanco) hizo el más duro balance de la Guerra Federal: *No sé de dónde han sacado que el pueblo de Venezuela le tenga amor a la Federación, cuando no sabe lo que significa. Esta idea salió de mí y de otros que nos dijimos: supuesto que toda revolución necesita bandera, ya que la Convención de Valencia no quiso bautizar la Constitución con el nombre de federal, invoquemos nosotros esa idea:*

¡Porque si los contrarios hubieran dicho Federación, nosotros hubiésemos dicho centralismo!

La Guerra Federal y el Tratado de Coche significaron el fin de la hegemonía de uno de nuestros protagonistas más célebres: **José Antonio Páez**, un hombre de los Llanos, que comenzó como peón de hato y fue arrastrado por el huracán de la guerra de Independencia, que lo convirtió en líder de los llaneros, general en jefe y vencedor en Carabobo.

— Lo siento, Mr. Páez, pero ya esta ropa no acepta más remiendos.

— Mi patria tampoco.

Fundó la Venezuela que conocemos hoy y trató de enrumbar al país en sus primeros años, de dotarlo de leyes, instituciones y organización administrativa. Se aficionó a la música y refinó su cultura. Al contrario de lo que muchos piensan, murió en la más absoluta pobreza en Nueva York.

Viene entonces otra revolución: la Revolución de Abril, que se realiza en febrero de 1870 (así han sido siempre las cosas en Venezuela). Esta revolución lleva al poder a un personaje que marcará durante los siguientes dieciocho años el rumbo de Venezuela: Antonio Guzmán Blanco. Sus viajes a Europa lo vuelven millonario contratando empréstitos para el país.

— ¿Empréstito?

— Sí. Es un préstamo que un particular concede a un Estado.

— Incluida la respectiva tajada.

En *1870*, la fortuna de Guzmán Blanco se calculaba en 5 millones de francos. ¡¡¡Francamente!!!

— Y en el interior nosotros tenemos que parir.

De Francia toma muchas ideas para modernizar el país de manera afrancesada: el Calvario, el Capitolio, el Teatro Municipal, la iglesia de Santa Teresa (en honor a su esposa).

— Oh la la! A Caracas la quiero como París.

Guzmán Blanco fue el primero que exacerbó el culto a Simón Bolívar, un culto que nos marcará como sociedad hasta hoy. Inaugura la estatua del Libertador en la plaza Bolívar de Caracas. Decreta el bolívar como moneda nacional y se queda con todos los bolívares que puede (por pura admiración, nada más).

Conviene recordar que esta revisión parte de una constatación que no admite dudas: **la santificación del personaje**, su conversión en figura de los altares, en suerte de deidad que no admite formulaciones críticas. Esto, se sabe, comienza a ocurrir en Venezuela a partir de la consagración que hace Guzmán Blanco del Libertador como elemento unificador de la nacionalidad.

Admiraba a Bolívar casi tanto como a sí mismo. Se mandó a hacer muchas, muchas estatuas suyas. El 19 de abril de 1873, el Congreso aprobó un decreto donde se le confirió a Guzmán el título de "Ilustre americano regenerador de Venezuela" y se acordó erigir una estatua ecuestre "representando al egregio general Antonio Guzmán Blanco". Dicha estatua, conocida popularmente como "el saludante", iba a estar en la principal plaza de la capital, llamada (adivinen) "Guzmán Blanco".

Guzmán fue objeto de la más arrastrada adulación. En cierta ocasión se le presentó a su despacho presidencial un señor de apellido Morales para solicitarle la jefatura de una aduana.

¿Cómo viene usted a molestar al presidente de la República por esa pendejada?

¡Uy! ¡Usted, hasta cuando se enfurece, es igualito al Libertador!

¿Cuál es la aduana que usted quiere?

Con Guzmán Blanco el humorismo, como instrumento de oposición política, cobró mucha fuerza. A modo de anécdota, refiere la tradición que, en una fiesta caraqueña de esos tiempos, se le pidió a un humorista que improvisara unos versos. Este tomó una manzana y dijo:

Por una cual la presente, perdió el Paraíso Adán. Si hubiese sido Guzmán, se roba hasta la serpiente.

A pesar de toda la mala reputación que adquirió Guzmán, su gobierno fue quizá el más organizado y progresista del siglo XIX. Decreta la enseñanza obligatoria, organiza la Hacienda, crea el Ministerio de Obras Públicas, realiza un censo, construye ferrocarriles.

El Himno Nacional fue decretado por Guzmán Blanco.

¡El gran civilizador!

Gloria al bravo pueblo que el yugo lanzó...

Esta melodía es de principios... de principios de siglo.

Me da nota. ¡Será nuestro himno!

Guzmán Blanco gobernó durante tres períodos:
El septenio (siete añitos),
el quinquenio (cinco añitos más)
y **la Aclamación** (tres añitos de ñapa).

En su último período debió enfrentar una nueva generación de intelectuales y jóvenes estudiantes como fuerte oposición a su gobierno. Su estado de salud ya era precario. Finalmente renuncia, retirándose antes de concluir su mandato. Todas sus estatuas fueron derribadas.

Y si me dejan, voy hasta el infinito y más allá.

Venezuela es como un cuero seco: lo pisan por un lado y se levanta por el otro.

Se suceden varios gobiernos de corta duración, porque en este tiempo el período constitucional duraba dos años... ¡Ufff! ¡Qué suerte tenían! Aunque Guzmán salió de la escena política, su influencia marcó los siguientes gobiernos. Este período político (desde el arribo de Guzmán Blanco hasta los gobiernos que lo sucedieron bajo su influencia) se conoce como **liberalismo amarillo**.

Nos debatíamos entre el "liberalismo amarillo" y la fiebre amarilla.

Para este momento gobernaba **Raimundo Andueza Palacio.** Quería reformar la Constitución para ampliar su mandato. Como evidencia nuestro pasado, esto de buscar aumentar el mandato lo ha querido Raimundo y todo el mundo.

Hasta que apareció otro caudillo en el horizonte: **Joaquín Crespo,** quien se alza desde Guárico y nuevamente hay ambiente de guerra en el país. Llamó a su revolución "legalista" porque buscaba restablecer el hilo constitucional, aunque en Venezuela más que de hilo deberíamos hablar de hebra. Luego de cruentos combates, Crespo entra triunfante a Caracas, propicia una nueva Constitución -otra más- y es elegido presidente.

Como decía el sabio Monagas: ¡"La Constitución sirve para todo"!

Juro sobre esta decimoctava Constitución...

Esta será siempre "la casa de misia Jacinta".

Crespo, fiel a su esposa "misia Jacinta", hace construir una mansión, para vivir con ella y sus hijos, a la que pone por nombre **Miraflores**, la actual sede del gobierno de Venezuela.

Otra peculiaridad simpática es que su padre, Leandro Crespo, era brujo -no será la última vez que la brujería ronde por Miraflores- y preparaba un famoso emplasto curativo conocido con el nombre de ¡La tacamajaca e'ño Leandro!

¡La tacamajaca levanta muertos y te pone a vibrar!

Para las elecciones de 1897, un candidato cuenta con gran respaldo popular, quizá el primer político venezolano que hizo eso que hoy llamaríamos "mitin", dando discursos en las calles con su verbo encendido. Su nombre: José Manuel Hernández, popularmente conocido como "**El Mocho Hernández**". Crespo toma las mesas el día de la votación (no sabemos si usó captahuellas) e impone la elección de su candidato, Ignacio Andrade.

El Mocho -ante la inexistencia del Twitter- decide tomar las armas y alzarse en contra del fraude promovido por el gobierno. Crespo muere combatiéndolo. Cuentan que el disparo vino de un joven llamado **Pedro Pérez Delgado**, que luego sería leyenda en los Llanos, especialmente por los lados de **Sabaneta de Barinas**, donde se hizo muy popular. Unos lo llaman el Americano, otros lo llaman **Maisanta**.

La tendencia es "irreversible".

Ese Maisanta se me parece a...

¡Claro! Dicen que fue su bisabuelo.

¿Ustedes creen que yo soy mocho?

El Mocho Hernández es capturado y lo encierran en una cárcel que se hará tristemente célebre en los años venideros: **La Rotunda**. De ella saldrá en libertad cuando triunfe en Caracas **la Revolución Restauradora**, encabezada por un caudillo tachirense, exseminarista, de baja estatura (de ahí su apodo de "el Cabito" -le petit caporal- como llamaban a Napoleón) pero de gran ambición y deseoso de hacerse con el control del país. Estamos hablando de **Castro**.

(Cipriano, ¡no se asusten!).

BIENVENIDOS al SIGLO XX

Por feliz coincidencia
murieron el mismo día
el que libró a Venezuela
y el que la tuvo fuñía.

(Copla popular a la muerte
de Gómez, para algunos,
prematuramente fallecido).

Hay quien dice que el siglo XX no llegó a Venezuela
sino hasta la muerte de Gómez, en 1935. Pero la verdad es que el siglo XX comienza con la llegada de los andinos al poder. Antes eran los llaneros; ahora les toca a los andinos. De carácter más reservado y astuto, los andinos permanecerán en el coroto una ñinguita: 45 años. Al mando de la **Revolución Liberal Restauradora**, Cipriano Castro toma el poder. Natural de Capacho, entra a Caracas a finales de 1899 y permanecerá al mando hasta 1908.

El "hombre nuevo", como quien dice.

¡Somos una revolución pacífica pero armada!

Antes de Castro, el poder lo detentaba **Manuel Antonio Matos,** banquero de gran influencia política y económica dentro y fuera del país. La transición se acuerda (por ahora) en términos amigables.
Las arcas estaban vacías. Erámos un país quebrado y endeudado por las guerras civiles. Castro recurre a los banqueros nacionales, incluido Matos.

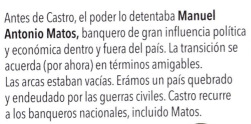

Necesito un préstamo. Estamos más limpios que talón de lavandera.

Lo siento, si algo no tenemos ahorita es plata.

Ante la negativa de la banca, Castro recurre a su diplomacia.

Este enano me las paga.

¡Presos todos, carajo!

¡Chiito!

Los enemigos de Castro pensaron que con Gómez se acabaría la autocracia… Y así fue al principio. Hasta 1913, Venezuela conoció un régimen de amplitud y libertad de prensa, en el que eran habituales las críticas al gobierno.

Inicialmente hubo respeto a los derechos ciudadanos y presencia de partidos opositores. Sin embargo, a partir de esa fecha se instaura la represión política, que lleva a una larga y cruel dictadura que se prolongará 27 años.

Gómez sabía muy bien que la Presidencia era un mera formalidad, que el verdadero poder lo tenían los militares. Por ello crea la Academia Militar y uniforma a las Fuerzas Armadas.

El Congreso siempre estuvo dispuesto a hacer todas las reformas necesarias para que permaneciera en el poder. A veces designaba presidentes sumisos a la voluntad del dictador para dar sensación de alternabilidad.

Lo que quiero es un país uniforme.

Aquí vive el presidente y el que manda vive enfrente.

¿Y cuándo termina esta dictadura?
¡Cuando tengamos democracia!
¿Y cuándo tendremos democracia?
¡Cuando termine la dictadura!

Gómez supo rodearse de intelectuales de reconocida solvencia. Estaba de moda la corriente de pensamiento positivista en la sociología y en la historia, que buscaba la afirmación de la identidad nacional mediante el conocimiento de las leyes de nuestro devenir.

Para ello era necesario lo que llamó Laureano (Vallenilla Lanz) el "cesarismo democrático". Es decir, para que el pueblo algún día alcanzara la democracia, era necesaria la dictadura.

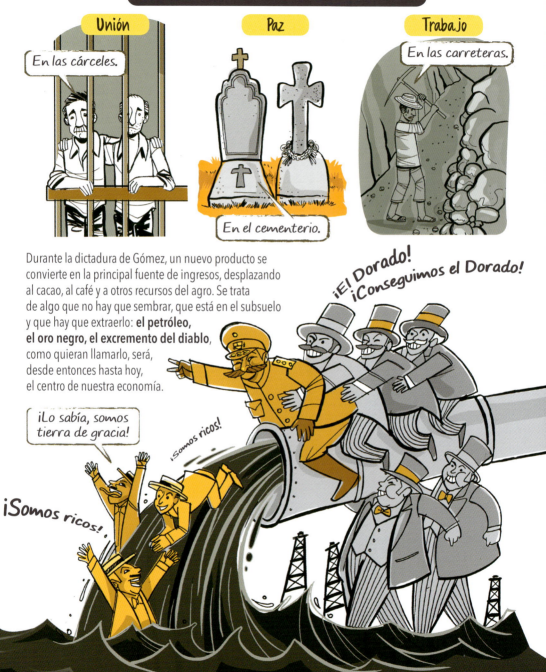

En **1925** el petróleo supera a los renglones tradicionales de exportación. Surge una clase obrera vinculada a la nueva industria y, por tanto, tienen lugar migraciones de población de los centros agrícolas a los de producción petrolera, así como a las ciudades en las que se concentra la prosperidad derivada de los crecientes ingresos. La producción agrícola pierde importancia y surge una burguesía comercial.

En **1928**, el bolívar es una de las monedas más sólidas del mundo. Éramos el primer exportador de petróleo mundial.

¡Yo era fuerte, de verdad!

¡No le debo a pobre!

En **1930**, como un homenaje al Libertador en el primer centenario de su muerte, Gómez paga toda la deuda pública. Mientras muchos países sentían los embates de la Gran Depresión, Venezuela estaba libre de compromisos financieros.

Desde los albores de la aparición del petróleo, muchas voces advertían sobre la necesidad de administrar con criterio la inesperada y creciente renta. Una de las más prominentes fue la de un joven escritor: Arturo Uslar Pietri.

"Urge aprovechar la riqueza transitoria de la actual economía destructiva para crear las bases sanas y amplias y coordinadas de esa futura economía progresiva que será nuestra verdadera acta de independencia...
... Que en lugar de ser el petróleo una maldición que haya de convertirnos en un pueblo parásito e inútil, sea la afortunada coyuntura que permita con su súbita riqueza acelerar y fortificar la evolución productora del pueblo venezolano en condiciones excepcionales".

("Sembrar el petróleo", diario *Ahora*, de julio de 1936).

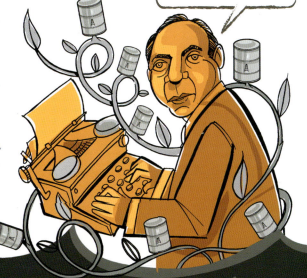

Amigos inservibles: ¡tenemos que sembrar el petróleo!

LA ROTUNDA DE CARACAS
EL SEPULCRO DE HOMBRES VIVOS
DONDE SE AMANSAN LOS GUAPOS
Y LLORAN LOS ATREVIDOS

Durante su gobierno, los que se oponen, se alzan o manifiestan desacuerdo van al Castillo de Puerto Cabello o a la tristemente célebre **Rotunda**, una cárcel así como con forma de helicoide. Allí se tortura sin piedad alguna. Los mejores hombres de ese tiempo pasaron por sus mazmorras.

Andrés Eloy Blanco
Jóvito Villalba
José Rafael Pocaterra
Rufino Blanco Fombona
Leoncio Martínez

Leoncio fue uno de nuestros grandes humoristas, autor de la **"Balada del preso insomne"**, en la que dice que está pensando en exiliarse y que concluía imaginando la Venezuela del año 2000:

¡Ay, quién sabe si para entonces,
ya cerca del año 2000,
esté alumbrando libertades
el claro sol de mi país!

Está surgiendo una generación de jóvenes que en los tiempos venideros conducirán al país por las sendas de una relativa libertad, el progreso y la democracia: la llamada **"Generación del 28"**, enfrentada a la degeneración reinante. Se trata de jóvenes universitarios que organizan, en el marco de la celebración del carnaval de 1928, un conjunto de actividades en el marco de la "Semana del Estudiante". Al principio solo era una demanda: restaurar la Federación de Estudiantes y otras peticiones sencillas.

Llega entonces del extranjero un estudiante, poeta fundamental, líder político del Partido Comunista y del marxismo en Centroamérica, **Pío Tamayo**. Lee un poema a la reina del carnaval, Beatriz I, que fue considerado subversivo por el gobierno.

... Pero no, majestad, que he llegado hasta hoy, y el nombre de esa novia se me parece a vos. Se llama LIBERTAD. Decidle a vuestros súbditos-tan jóvenes que aún no pueden conocerla- que salgan a buscarla, que la miren en vos. Vos, sonriente promesa de escondidos anhelos.

¡Presos todos por comunistas!

Tampoco agradan al gomecismo los discursos de los estudiantes de Derecho Jóvito Villalba, Rómulo Betancourt y Joaquín Gabaldón Márquez. Otro estudiante, Guillermo Prince, rompe una placa de una obra de Gómez. Los estudiantes son apresados y llevados a la Rotunda.

En solidaridad, sus compañeros acuden en masa a entregarse. Un total de 214 estudiantes son llevados al Castillo de Puerto Cabello. Es la primera vez en la historia nacional que se persigue con tal ensañamiento a los estudiantes… No será la última. La Universidad de Los Andes protesta; una fuerte presión obliga al gobierno a liberar a los estudiantes, que son recibidos como héroes populares en Caracas.

Vendrán nuevas prisiones; algunos serán enviados a trabajar en las carreteras; otros, al destierro. Los estudiantes fueron ejemplo de lucha e inspiración. De esta generación surgen los protagonistas de la Venezuela que vendrá a la muerte de Gómez. En las cárceles formaron grupos de estudio, se perfilaron en sus futuras acciones en el terreno de la cultura, el arte y la política. El coraje de estos estudiantes y su sentido del sacrificio por sus ideas debemos recordarlo siempre como inspiración para los momentos difíciles de nuestra historia.

Algunos de los estudiantes de la Generación del 28 y lo que llegaron a ser:

Rómulo Betancourt
Fundador del Partido Acción Democrática. Presidente de Venezuela.

Raúl Leoni
Fundador del Partido Acción Democrática. Presidente de Venezuela.

Jóvito Villalba
Fundador del Partido URD. Representante del Congreso de Venezuela.

Isaac Pardo
Médico, profesor universitario. Colaborador de *EL Morrocoy azul* y el diario *El Nacional*.

Guillermo Meneses
Escritor y diplomático. Director de la Revista *CAL*.

José T. Jiménez Arráiz
Médico y escritor. Individuo de número de la Academia Nacional de Medicina.

Miguel Otero Silva
Periodista y escritor. Fundador del diario *El Nacional*.

José Antonio Marturet
Abogado, hacendado y filántropo.

Gómez murió en Maracay. Al final, lo derrocó la próstata. Murió rodeado de animales (no piensen mal: construyó un zoológico en su casa de Las Delicias) el 17 de diciembre de 1935. Había nacido en el Táchira el 24 de julio de 1857. Su natalicio y defunción coincidieron con los del Libertador. Parece que todos nuestros caudillos se consideran herederos del Padre de la Patria, continuadores de su obra. El pueblo, implacable, se manifiesta:

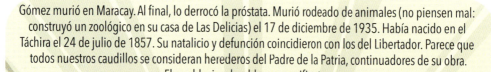

¡Por una feliz coincidencia murieron el mismo día el que libró a Venezuela y el que la tuvo fuñía!

¿FUE GÓMEZ PARTICULARMENTE CRUEL? Lo fue, como también sus antecesores. La crueldad ha sido un rasgo constante de nuestra historieta, solo que la suya se prolongó por más tiempo. Sometió y humilló al país. Cambió la Constitución a su antojo para prolongar su mandato. Él y su camarilla se enriquecieron otorgando leoninas concesiones petroleras. Controló todos los poderes y manejó al país como si fuese su hacienda -de hecho era propietario directo de infinidad de tierras-; también es menester decir que dejó un país unificado, con un poder central fuerte y efectivo, con una deuda externa saldada y con un Ejército profesional organizado, tan organizado que instauró una nueva forma de intervención en política: los golpes militares.

Muere Gómez y nace un país dependiente de la renta petrolera.

Ahora el problema no es quién produce, sino quién reparte.

El Estado, que en Venezuela siempre se confunde con el gobierno.

CIVILIZACIÓN vs. BARBARIE...

No es posible soportar más.
A este país se lo han cogido cuatro
bárbaros, veinte bárbaros,
a punta de lanza y látigo.
MIGUEL OTERO SILVA
Casas muertas, 1955

(¿Cuatro?, ¿veinte?).

Muerto Gómez -prematuramente, según algunos adulantes- comienza una transición difícil. Asume el gobierno su ministro de Guerra y Marina, **Eleazar López Contreras**, general de tres soles (cuando tres soles eran algo más que un cartel puesto sobre la hombrera de un general). Muchos apostaban a la guerra civil. Sin embargo, López tuvo la habilidad de comenzar a "democratizar" al régimen a la velocidad a la que las circunstancias lo permitían. Su lema fue: "Calma y cordura" (no "gordura". Era tan flaco y alto que lo llamaban "la jirafa". También "el ronquito", por su manera de hablar).

Los hombres de transición les dan la razón a todos, porque, en política, cada uno tiene su razón. Por eso, una razón no puede pisotear ni aniquilar a las otras. Le tocó lidiar con los restos del gomecismo, así como con la sociedad moderna y democrática que luchaba por nacer; también con sus propias contradicciones… Un arroz con mango, pues, para decirlo en criollo.

En febrero de 1936 -en Venezuela casi todo pasa en febrero- una gran protesta es reprimida, con saldo de muertos. López, quien había suspendido las garantías –las constitucionales, porque electrodomésticos no había–, las restituye y propone, en el "Programa de Febrero", un conjunto de reformas para liberalizar el régimen.

Gobernará en medio de protestas de todos aquellos sectores que nunca habían podido expresarse en la dictadura. Una de esas protestas fue la primera huelga de los trabajadores petroleros, en diciembre de 1936. El nuevo presidente mantuvo un precario equilibrio entre la negociación y la represión.

López desarma con paciencia el régimen gomecista. Envía algunas señales positivas:

Se quita el uniforme y gobierna vestido de civil. Es el único presidente que reduce el período constitucional, de 7 a 5 años.

Libera presos políticos. Permite el regreso de los exiliados.

Lucha contra el analfabetismo y la analfabetisma.

Promueve la inmigración y recibe a judíos perseguidos por el nazismo.

Crea el Ministerio de Sanidad y Asistencia Social. Elabora un plan de higiene pública y se hacen cruzadas en contra de las enfermedades de la época.

Continúa con la organización de la Fuerza Armada e impulsa la aviación militar.

A López le tocará convivir con las tres grandes corrientes ideológicas que marcaron el siglo XX venezolano:

La socialdemocracia, de inspiración de izquierda, que terminará asumiendo el partido Acción Democrática.

Las **ideas de inspiración comunista** que, auspiciadas por la naciente URSS y más tarde por Cuba, propiciarán la revolución en Venezuela, con el Partido Comunista a la cabeza.

El pensamiento socialcristiano, inspirado en la doctrina social de la Iglesia, del que nacerá el partido Copei.

A Eleazar López Contreras le tocó la difícil tarea de desmontar la dictadura y propiciar la apertura hacia la liberalización del país, que dará frutos más adelante. Inició un plan de modernización apoyado en la naciente industria petrolera. Impulsó enormemente el bolivarianismo, que usó casi como un mantra para enfrentar una ideología que veía como extranjerizante: el comunismo.

Para la sucesión, el régimen recurre a la selección simple que las circunstancias del país permitían:

¿Quién cree usted que debe reemplazar al general López Contreras?

a) Un andino, militar y gomecista.

b) Un andino, militar y gomecista.

c) Un andino, militar y gomecista.

d) Todas las anteriores.

Se presentan otros candidatos, entre ellos Rómulo Gallegos, ya un escritor de prestigio. Lo postula el recién fundado partido Acción Democrática (AD). Los candidatos hacen una intensa campaña por todo el territorio nacional. Un poco raro eso de andar recorriendo el país, porque al presidente lo elegía el Congreso, pero fue esta la primera campaña electoral en Venezuela. **Isaías Medina Angarita** se convirtió en presidente cuando la votación se hizo irreversible, cosa que sucedió incluso antes de producirse.

Por venir Medina del gomecismo, no se esperaban de él muchas transformaciones. Incluso se creía que simpatizaba con las ideas de Mussolini. Sin embargo, resultó ser lo contrario de lo esperado.

No tuvo presos políticos.

Legalizó los partidos políticos, incluido el comunista.

Creó el Seguro Social Obligatorio.

Propició la libertad de imprenta (o sea, que El Silencio que él construyó fue la urbanización). Se fundan periódicos para que las dictaduras posteriores tuviesen algo que cerrar.

En materia petrolera obtuvo dos grandes logros: el primer contrato colectivo de los trabajadores del sector y la participación más justa del Estado en la renta, con el famoso "fifty-fifty".

A la ula ula...

Es solo una ñapita, otro período más.

El gran problema de Medina fue el tema del sufragio universal, al que aspiraban los sectores políticos emergentes, fundamentalmente Acción Democrática. Esto coincide con el descontento en la oficialidad joven en el seno de la Fuerza Armada y con el deseo de reelección de López Contreras.

Medina y López Contreras se enfrentan. Se divide su partido.

Se logra entonces un candidato de consenso entre el gobierno y los partidos de oposición para el próximo período presidencial: Diógenes Escalante. Pero un hecho fortuito, de esos que a cada tanto suceden en el país, da al traste con todo: Escalante pierde la razón.

No es mi culpa. Es culpa de las camisas voladoras.

Esta confluencia de factores se dio cita el 18 de octubre de 1945 para producir el **primer golpe de Estado** de la historia del país, el cual, curiosamente y aunque suene contradictorio, fue cívico y militar a la vez. Se constituye una Junta de Gobierno autodenominada **"Junta Revolucionaria de Gobierno"** (nuevamente la palabra "revolución" aparece en nuestra historieta). Estaba conformada por cinco civiles y dos militares. De momento, van ganando los civiles, adecos todos, porque AD había propiciado el golpe.

Para los dirigentes de Acción Democrática (AD por sus siglas y "adecos" sus militantes) se trataba de una revolución, perooo… ¡¡¡golpe es golpe!!!

Medina se va al exilio, lugar al que se van los venezolanos cuando ya no aguantan más. Quizá podamos concluir su semblanza con la frase que año tras año repitió en sus mensajes al Congreso.

Por mi causa no hay ni un exiliado, ni un partido disuelto, ni un periódico clausurado, ni una madre que derrame lágrimas por la detención o el exilio de un hijo.

Pocos gobernantes en nuestra historieta han podido decir lo mismo.

Se elige una Asamblea Constituyente para redactar una nueva Constitución. Ya la junta había decretado la votación universal, directa y secreta sin otro requisito que ser mayor de edad (decisión que tenía no pocos adversarios). Acción Democrática gana con el 78,43% de los votos. Este resultado hizo de la Constituyente un *ring* de lucha entre visiones encontradas del país y de rechazo a la hegemonía de AD.

¡Comunistas! ¡Adecos! ¡Conservadores! ¡Burgueses!

Solo Andrés Eloy Blanco, presidente de la Asamblea, lograba -con su humor- amortiguar las tensiones (el Dr. Rafael Caldera –líder fundador de Copei, el partido socialcristiano–, lo llamó: "el amortiguador de la Constituyente"). He aquí algunos de los versos humorísticos que hacía circular, con los que sacaba una sonrisa a los amargados diputados:

El partido Copei, tenido como elitista, llevó a la Asamblea a un dirigente sindical de color, militante de su partido. Andrés Eloy hizo circular esta copla:

Cosas que no son ley siempre resultan un fiasco: mujer orinando en frasco y negro inscrito en Copei.

En otra oportunidad, cuando se aprobó el voto femenino, escribió:

La política se inclina sin excepción de persona de la fuerza masculina a la fuerza más culona.

Aprobada la Constitución, se convocan elecciones. En 1947 participan la mujeres y el pueblo opina directamente por primera vez.

¡Ganó Gallegos!

¡Hombre, por fin llegamos al poder!

¡No, se trata del insigne novelista Rómulo Gallegos!

Un pueblo que mayoritariamente no sabía leer ni escribir, cuando elige presidente por primera vez, escoge a su más destacado hombre de letras. Eso tiene su belleza. Gallegos obtiene una contundente victoria sobre Rafael Caldera, candidato socialcristiano, y sobre Gustavo Machado, candidato comunista. Se juramentó el 2 de febrero de 1948.

Gallegos es un personaje fascinante de nuestra historieta. Su vida se movió entre la escritura, la política y la docencia. Esta última lo llevó a la dirección de uno de los liceos más famosos de la Caracas de su tiempo: el Liceo Andrés Bello, en el que se encontraron, por esas bonitas jugadas del destino, los más brillantes maestros del país y los más brillantes alumnos.

De este encuentro nace una talentosa generación de intelectuales que marcará el rumbo del país en los siguientes años y que refuerza la tesis de que el avance de los pueblos se centra en su educación.

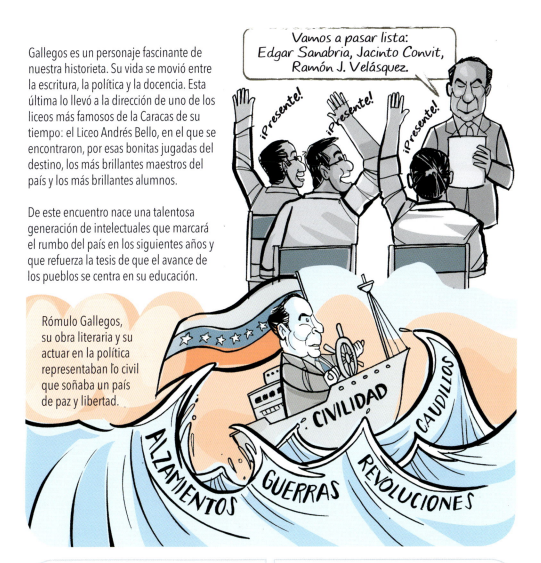

Rómulo Gallegos, su obra literaria y su actuar en la política representaban lo civil que soñaba un país de paz y libertad.

Para su toma de posesión, se organiza un festival folclórico con artistas de todo el país. Por primera vez en Caracas, las expresiones culturales y musicales de las distintas regiones –hasta el momento desconocidas– se encuentran.

Nombra como ministro de la Defensa a un hombre por quien decía sentir "afecto filial", Carlos Román Delgado Gómez, quien, en honor a su padre –muerto tratando de derrocar a Gómez– se hacía llamar **Carlos Delgado Chalbaud.**

Doña Bárbara fue la novela emblemática de Gallegos. Ambientada en el llano venezolano, discurre en ella -como una curiara que atraviesa el río de las ficciones literarias- el deseo de paz y de progreso largamente anhelado por los venezolanos. Dice en su obra Gallegos:

"Algún día será verdad. El progreso penetrará en la llanura y la barbarie retrocederá vencida. Tal vez nosotros no alcanzaremos a verlo; pero sangre nuestra palpitará en la emoción de quien lo vea".

> Ganó la barbarie.

Se constituye una **Junta Militar de Gobierno**. ¿Adivinen quiénes la conformaban? ¡Bingo! Carlos Delgado Chalbaud (quien la preside), Marcos Pérez Jiménez y Luis Felipe Llovera Páez, todos oficiales. En la Venezuela que ha de venir, los civiles estarán de sobra. **Venezuela vuelve otra vez a la dictadura.** Este primer intento de democracia murió al nacer... o quizá ni siquiera llegó a nacer.

Gallegos descubrió entonces que la ficción de su novela fue superada por la realidad. Después del golpe, es arrestado y expulsado con su familia del país.

La Junta Militar concentró todos los poderes y disolvió todo lo que podía ser disuelto, y lo que no, lo pulverizó. Se dice que el verdadero poder lo ejercía Pérez Jiménez.

El golpe no tuvo un rechazo contundente en la población; además, ya diciembre estaba encima.

Swing con son, qué sabrosón...

> Yo lo que quiero es Navidad con normalidad.

Nuestra economía seguía dominada por el petróleo. Para 1950, Venezuela es el mayor exportador del mundo. Los adecos hacen una huelga petrolera que sacude al país. La represión es brutal. Acción Democrática y el Partido Comunista son ilegalizados. Algunos dirigentes salen nuevamente al exilio.
A otros les toca luchar en la **clandestinidad**. Pasar a la clandestinidad era pasar a una dimensión desconocida. No había teclados para guerrear en redes sociales.

Se cambiaba de domicilio e identidad constantemente.

No se veía a los seres queridos por meses y hasta por años.

Existían las "conchas", escondites donde se estaba por mucho tiempo sin salir.

Como no se podía hablar de política, buena parte de la sociedad miraba para otro lado, distraída con los avances del siglo. Es la época de oro de la radio. Comienza un proceso de modernización de la infraestructura. Los ingresos petroleros crecen. El país necesita mano de obra. Es el tiempo del auge de la inmigración europea que huye de la posguerra.

Pero comenzaron las discrepancias. Delgado quería civiles en la Junta (él mismo era un civil asimilado al Ejército) y llamar a elecciones, pero a Pérez Jiménez eso de las elecciones nunca le gustó.

Él no es andino, tiene ideas de avanzada, y de ñapa es alto... ¡y Delgado!

En 1950, sucede un hecho que estremece al país: el presidente de la Junta militar, Carlos Delgado Chalbaud, es asesinado. Es el único magnicidio en la historia nacional. Todas las miradas se dirigen hacia el teniente coronel Marcos Pérez Jiménez. La muerte del asesino, luego de ser capturado, acrecienta las sospechas. La típica pregunta en estos casos es: ¿a quién beneficia el crimen?

El país se llena de rumores. Para aliviar sospechas, se incorpora a un civil para presidir la Junta, que ahora se llama "de Gobierno": Germán Suárez Flamerich. El civil da la cara, pero otros mandan.

Para el año 1952 se realizan elecciones para una nueva Asamblea Constituyente, en las que pueden participar todos aquellos que no estén inhabilitados. ¿Elecciones libres? Sí, libres de inhabilitados.

El partido Unión Republicana Democrática (URD) gana, pero el Consejo Supremo Electoral declara que la victoria del partido de Pérez Jiménez es irreversible, lo que viene a ser como un regolpe de Estado. Pérez Jiménez invita amablemente a Jóvito Villalba (URD) a que se vaya a Panamá.

Pérez Jiménez fue hábil con el manejo de los hilos del poder para llegar a ser presidente y así fortalecer la hegemonía militar. Vienen tiempos de progreso, pero a un costo muy elevado.

Además de los sótanos de la Seguridad Nacional, fueron también lugar de reclusión de la disidencia política **la cárcel del Obispo** y el **campo de concentración de Guasina,** una isla en el delta del Orinoco (este último oficialmente "clausurado" en 1952, aunque hay quien dice que se siguió usando durante la dictadura). Guasina fue centro de reclusión de presos políticos en condiciones infrahumanas.

La prensa, bajo estricto control y censura, nada podía decir de los desmanes de la dictadura. Así pues, un país ajeno a lo que sucedía se entregaba a la rumba en los nuevos salones de fiesta del Círculo Militar. Los carnavales eran célebres y los disfraces estaban a la orden del día.

Venezuela organizaba conferencias internacionales. Es tiempo de dictaduras en América Latina. Pérez Jiménez mantiene con todas ellas buenas relaciones...

Entre dictadores, no nos pisamos las espadas.

Usted ser el "prototipo de gobernante" deseable para América Latina.

Odría en Perú, Fulgencio Batista en Cuba, Trujillo en República Dominicana, Somoza en Nicaragua, Rojas Pinilla en Colombia y Pérez Jiménez en Venezuela aparecían como dictadores protegidos por Washington, que, en el caso venezolano, había conferido a Pérez Jiménez la "Legion of Merit", la más alta condecoración que otorgaba EE.UU. a una personalidad extranjera.

¡Hasta sale en portadas de revistas famosas!

It's my time!

Mientras algunos partidos políticos luchan contra el régimen en la clandestinidad, otros participan en **"La Semana de la Patria"**, una fiesta política que exaltaba las glorias nacionales. Venezuela se transforma en un inmenso desfile. Los empleados públicos estaban obligados a asistir y el que no desfilaba debía aplaudir. Era un vejamen a la conciencia civil.

> Como dice el doctor Caldera: "En la Venezuela perezjimenista, es más fácil militarizar a los civiles que civilizar a los militares".

Paradójicamente, a pesar de la represión que se vivía en el país, la década de los 50 es un tiempo de florecimiento. Nace la televisión en Venezuela y, con ella, animadores como Renny Ottolina, "Musiú" Lacavalerie y Víctor Saume.

Eran tiempos de la orquesta Billo's Caracas Boys; de compositores como el maestro Antonio Lauro, Inocente Carreño y Antonio Estévez. En la literatura, Rómulo Gallegos y Miguel Otero Silva; Aquiles Nazoa en el humor. Armando Reverón gana el Premio Nacional de Pintura en 1953.

En concursos de belleza, Susana Duijm se convierte en nuestra primera Miss Mundo en 1955. En la tauromaquia destaca el maracayero César Girón; en el béisbol, Luis Aparicio.

En el canto sobresale Alfredo Sadel. Este último, en esos duros tiempos de persecución, tiene el valor de cantar "Escríbeme", una canción escrita en la prisión de Guasina por el compositor Guillermo Castillo Bustamante. En ella cuenta las angustias de un preso que espera cartas de su familia.

La moneda se revaluaba al punto de que algunos gringos ahorraban en bolívares. El país progresaba. Había construcciones a granel. Y dijo Pérez Jiménez:

> Hágase El Silencio.

Y el silencio se hizo.

El día 7 comienzan las protestas estudiantiles. El 15 de enero circula una Declaración de los Intelectuales en contra de la dictadura. Empieza a moverse el país. La Junta Patriótica, de forma clandestina, reparte papeles llamando a la protesta. El 21 de enero se inicia una huelga de prensa y luego una huelga general (contra el general). Al sumarse la Fuerza Armada, la suerte estaba echada. A la 1 de la madrugada del 23 de enero, Pérez Jiménez abandona el país, a bordo del avión presidencial *La Vaca Sagrada,* rumbo a Santo Domingo.

¡Me extrañarán y me pedirán que vuelva!

Decía Laureano Vallenilla Planchart:

El pueblo cambia gustoso la libertad por el bienestar, especialmente cuando el nivel de cultura no es muy elevado.

CABRÍA PREGUNTARLE AQUÍ A VALLENILLA PLANCHART: ¿hasta qué punto el éxito económico está por encima de la libertad? ¿De qué éxito puede presumir una nación tiranizada? ¿No son acaso **la democracia y la libertad** el éxito principal, del que derivan todos los demás? En los siguientes 40 años, la sociedad venezolana dará respuesta a estos y otros interrogantes durante el período más largo de paz, democracia y libertad (¡con todas sus fallas!) que ha conocido el país.

¡POR FIN, DEMOCRACIA!

Defensa de la constitucionalidad
y del derecho a gobernar conforme
al resultado electoral. Las elecciones
determinarán la responsabilidad
en el ejercicio de los Poderes Públicos.
PACTO DE PUNTOFIJO

(A veces, en Venezuela hay que firmar acuerdos
para garantizar la sensatez).

Cuando Pérez Jiménez abandona el país, se constituye una Junta de Gobierno. La preside el contralmirante **Wolfgang Larrazábal**, quien venía de las filas del perezjimenismo. A Larrazábal le toca la difícil labor de la transición. Promete elecciones para ese mismo año.

El 13 de mayo llega el vicepresidente de EE.UU., **Richard Nixon**, a Caracas. Todavía estaba fresco el apoyo que los gringos le habían dado a Pérez Jiménez y a los dictadores de América Latina. Lo recibieron no precisamente con besitos. Su vehículo oficial queda atrapado entre los manifestantes, quienes le lanzan huevos podridos, piedras, patadas y escupitajos. Esto genera un escándalo (el Escupegate) y el presidente de EE.UU. amenaza con invadir (¡de verdad!) a Venezuela. Por suerte, las cosas no pasan más allá de un susto.

La presión popular hace que se incorpore a civiles a la Junta de Gobierno. Uno de ellos, su secretario y luego presidente, Edgar Sanabria, dicta tres decretos fundamentales para nuestro país:

Restituye la **autonomía universitaria**.

Crea el **Parque Nacional El Ávila**, tan amado por todos los venezolanos y por los caraqueños en particular.

Modifica la Ley de Minas y el Estado comienza a participar con el 60% de la **renta petrolera**.

Larrazábal se convirtió en un fenómeno electoral -especialmente en Caracas-. Fue candidato por URD y el Partido Comunista (imagínense la furia de los perezjimenistas). Las mujeres lo adoraban particularmente porque era como un galán de telenovela.

En las elecciones de 1958, resulta ganador Rómulo Betancourt, del partido AD; Larrazábal obtiene el segundo lugar y Rafael Caldera, del partido Copei, el tercero. Todas las fuerzas políticas están comprometidas como nunca para que la experiencia democrática no vuelva a fracasar.

Rómulo Betancourt es un personaje fundamental en nuestra historia pasada, presente y futura. Desde joven, había luchado en contra de la dictadura gomecista; había estado preso como tantos estudiantes. En sus inicios, su pensamiento milita en la izquierda.

De la cárcel sale al exilio hasta el fin de la dictadura. Vive en varios países latinoamericanos; estudia y escribe siempre denunciando la tiranía de Venezuela. Vuelve al país luego de la muerte de Gómez para incorporarse a la actividad política. Es expulsado nuevamente por López Contreras.

Al derrocamiento de Gallegos, vuelve al exilio. En este largo destierro escribe su famosa obra *Venezuela, política y petróleo* (un análisis sobre el papel del petróleo en el devenir económico y político venezolano). Ahora su pensamiento se orienta a la socialdemocracia.

Retorna nuevamente, funda Acción Democrática en 1941, participa en el golpe contra Medina y es el presidente de la Junta Revolucionaria de Gobierno.

El primer reto de la naciente democracia era anteponer lo civil a lo militar. En octubre de 1958 se había firmado, en la casa del Dr. Rafael Caldera, la quinta Puntofijo (de ahí el nombre de Pacto de Puntofijo), un acuerdo entre las principales fuerzas políticas. El acuerdo se centra en tres puntos:

❶ Respetar la Constitución y los resultados electorales rechazando el uso de la fuerza para el cambio político (así estaban las cosas que había que firmar un acuerdo para ello).

❷ Formar un gobierno de unidad nacional (todos para uno y uno para todos).

❸ Tener un programa mínimo común (de allí la famosa "guanábana" -blanca por dentro, verde por fuera-, como se designó al pacto AD-Copei).

Este pacto -satanizado tantas veces hasta convertirlo en insulto- es quizá el acuerdo más inteligente de gobernabilidad democrática realizado por los venezolanos, gracias al cual, por primera vez, un presidente electo por votación universal, directa y secreta pudo terminar su mandato y entregar el poder a otro mandatario electo de la misma manera, en el acto cívico y pacífico de la transmisión de mando que se nos hizo tan familiar a los venezolanos (los presidentes se vestían de pingüinos -paltó levita- ese día, juraban en el Palacio Federal y le colocaban al sucesor la banda presidencial y el collar con la llave del arca que guarda el Acta de Independencia).

Desde el principio, Fidel pone su mirada en Venezuela. Nos visitará en medio de una apoteosis popular en 1959, pero no conseguirá el apoyo de Betancourt (ya presidente electo) para apoyar la naciente revolución. Allí nace la enemistad entre ambos líderes.

Necesitamos tu ayuda moral para luchar contra el imperio.

Andamos cortos de esa "ayuda moral". Váyase por donde vino.

We will come back!

Betancourt no la tiene fácil. En 1960, sufre un atentado del que sale vivo de milagro. Desde el asesinato de Delgado Chalbaud, no se había visto en Venezuela un atentado de tal magnitud. No era solo para matar al presidente; se quería asesinar la naciente democracia venezolana.

¡Ni renuncio ni me renuncian!

Se dirigió al país desde Miraflores con las manos vendadas y heridas en el rostro. La acusación contra Trujillo, el dictador dominicano, tenía fundamento. Ya había intentado matar a Rómulo en dos oportunidades. Nadie pensó que se trataba de un montaje; lo que sí pensó todo el mundo fue que la pipa de Rómulo estaba embrujada.

Su gobierno es asediado también por alzamientos armados desde la izquierda venezolana, auspiciada desde Cuba.

1961 El Barcelonazo.   **1962** El Carupanazo.   **1962** El Porteñazo.

El asalto al tren de El Encanto, 1963. (parece el nombre de una película, pero fue una violenta acción guerrillera).

¡Los que se acerquen a conspirar a los cuarteles no serán recibidos con serpentinas, sino con plomo!

Para enfrentar la subversión y las agresiones a la democracia, en varias oportunidades suspende las garantías constitucionales. Son tiempos difíciles y violentos, con excesos también en la represión de la violencia, que algunos atribuyen al entonces ministro del Interior, **Carlos Andrés Pérez**, un político que tendrá gran figuración en los años posteriores.

A pesar de la compleja situación, logró estabilizar una economía que había recibido en crisis por las deudas que había dejado Pérez Jiménez. Por iniciativa de Betancourt, su ministro de Minas, **Juan Pablo Pérez Alfonzo**, y el entonces presidente de Irak, Muhammad Najib ar-Ruba'i, se funda la **OPEP (Organización de Países Exportadores de Petróleo)** como contrapeso ante la concentración de poder político y económico de los Estados Unidos como principal productor y consumidor de petróleo del mundo en el período de posguerra. Sus países fundadores fueron Arabia Saudita, Kuwait, Irán, Irak y Venezuela.

También Venezuela promueve la llamada **doctrina Betancourt,** que consiste en reconocer solo aquellos gobiernos producto de elecciones libres.

Se crea durante su gobierno la Corporación Venezolana de Guayana (CVG), a cargo del desarrollo del potencial hidroeléctrico e industrial de esa rica zona. Tanta fuerza y poder cobró esa corporación que a su presidente -Sucre Figarella por muchos años- le decían "zar" (y él decía: ¡no zargo!) (*copyright* de A.E. Blanco, quien también era humorista).

Betancourt entendió que el poder no debía ser eterno. Para fortalecer la democracia civil, debía dar paso a otros. Al terminar su mandato, para evitar que su presencia fuese una influencia sobre su partido y el nuevo gobierno, se fue al exterior. No volvió a aspirar a la Presidencia. En 1963, es electo presidente **Raúl Leoni.** Es la primera vez en la historia nacional que un presidente electo por votación universal le entrega el mando a otro electo de la misma manera. Habían transcurrido 134 años desde el nacimiento de la **Cuarta República.**

Raúl Leoni fue un abogado guayanés, opositor a la dictadura de Gómez desde sus tiempos de estudiante, fundador de diversas organizaciones políticas precursoras de Acción Democrática. Fue expulsado del país varias veces por las dictaduras militares. Su gobierno fue de «Amplia Base», formado por la coalición de los partidos Acción Democrática (que venía de dos divisiones y no tenía mayoría en el Congreso), Unión Republicana Democrática (URD) (el de Jóvito Villalba) y Frente Nacional Democrático (FND) (el de Uslar Pietri).

Del gobierno de Leoni hoy día se habla poco, pero en muchos aspectos es su obra de gobierno de las más meritorias de la democracia. En materia educativa, se alcanzaron grandes avances. Se construyeron miles de escuelas y liceos públicos.

Se crearon importantes entes culturales, tales como la Cinemateca Nacional y la editorial Monte Ávila. Se crea el premio Rómulo Gallegos. Su primera edición la ganó un novel novelista que más tarde sería nobel: **Mario Vargas Llosa**.

¡Entregado por el mismísimo Gallegos! ¡No les llevo nada!

Un superbloque es lo mejor para poder vivir; no vengas a decir que hay algo superior.

El tema de la inmigración masiva del campo a los centros urbanos era ya un problema considerable. Leoni crea el "Plan Nacional de Vivienda Popular", con otorgamiento de créditos a bajo interés. En esa época, un joven cantante, **Simón Díaz**, convierte en número 1 su tema alegórico: **El superbloque**.

Los venezolanos veíamos por primera vez de manera cotidiana a una pareja presidencial. **Menca de Leoni**, la esposa del presidente, participa en actividades en apoyo a su esposo. Doña Menca, como popularmente se le conocía, crea el **Festival del Niño**, que más tarde se convertiría en la Fundación del Niño, a cargo de las primeras damas.

El Código Civil no reconocía a los niños habidos fuera del matrimonio. La paternidad irresponsable estaba en ascenso. Menca de Leoni promueve los matrimonios colectivos para que los niños sean reconocidos por los padres y así obtengan sus derechos.

¡Lo que doña Menca ha unido, que no lo separe el hombre!

La televisión se afianza como el medio de comunicación masivo por excelencia. Dos fenómenos así lo demuestran: la telenovela *El derecho de nacer* y *El show de Renny*.

Ocurrió también el trágico terremoto de Caracas, que celebraba su cuatricentenario. Más de 300 muertos, 2000 heridos, 80 000 personas sin vivienda y una pérdida material de más de 10 millones de dólares para la época.

Se crea una comisión para estudiar los fenómenos sísmicos en el país. Dicha comisión se convertiría más adelante en la **Fundación Venezolana de Investigaciones Sismológicas (Funvisis)**.

Aunque diezmada en el período anterior de Betancourt, la guerrilla venezolana tenía células subversivas de importancia. En estos tiempos, la Universidad Central de Venezuela es epicentro de su lucha. Luego de intenso debate, se decide su allanamiento. La amenaza a la democracia era real; las decisiones para su defensa, muchas veces drásticas (la palabra "allanamiento" nunca ha tenido buena fama en Venezuela).

La violencia trae violencia. La espiral de la soberbia crece de parte y parte. El gobierno crea los Teatros de Operaciones. Hay desaparecidos. Muchos muertos. **Fabricio Ojeda**, militante de URD y guerrillero, es denunciado como traidor, junto con Douglas Bravo, por el periódico del PCV *Tribuna Popular*. Se señala que está en Caracas. Al día siguiente es detenido por los organismos de seguridad. A los pocos días apareció muerto en su celda. Se dijo entonces que había sido suicidio, pero el hecho despertó muchas suspicacias. Ojeda, escritor, diputado y firme partidario de la lucha armada, había sido pieza clave en la lucha contra Pérez Jiménez.

¡Patria o muerte, venceremos!

Durante el gobierno de Leoni, se produce el desembarco de Machurucuto: guerrilleros cubanos y venezolanos desembarcan en las costas del estado Miranda con intención de derrocar al gobierno. Fueron derrotados de inmediato. Uno de los guerrilleros que logró escapar fue Fernando Soto Rojas, quien a la larga sería diputado de la "Quinta República".

Fidel Castro está detrás de la operación. En la OEA se denuncia esta intromisión.

Leoni ofreció posibilidades de incluir a los guerrilleros en el juego democrático con la condición de que abandonaran la lucha armada. Se inicia el proceso de pacificación, que continuará con éxito su sucesor, Rafael Caldera.

Se comienzan a calentar los motores para las elecciones de 1968. El alto pana y compañero de exilio de Leoni, Luis Beltrán Prieto Figueroa, era el favorito de las masas adecas para la candidatura. El naciente cogollo se impone y es designado Gonzalo Barrios como candidato de AD. El partido se divide por tercera vez. Prieto Figueroa funda el MEP.

Había, en el tarjetón electoral, una tarjeta grande (presidencial) y la tarjeta chiquita (cuerpos deliberantes). En las elecciones de 1968, mucha gente le dio el voto grande al candidato de AD, Gonzalo Barrios, y el chiquito a Prieto. Resultó ganador con mínima diferencia el candidato Rafael Caldera, de Copei.

Quizá el talante de Leoni lo da esta respuesta tomada de una entrevista que le realizó Miguel Otero Silva, aludiendo al estrecho margen por el que ganó la Presidencia el Dr. Caldera:

Fue el remate de una conducta ejemplar que abarcó a todos los estamentos de la población venezolana. Gracias a estas convicciones cívicas que se fraguaban, también por primera vez un presidente civil electo por votación popular entrega el poder a un presidente opositor electo de la misma forma. El engranaje democrático había superado varias pruebas de fuego.

Doctor en Ciencias Políticas, profesor universitario y dirigente político, Rafael Caldera es, junto a Rómulo Betancourt, figura relevante en la consolidación de la democracia en Venezuela. En 1935 ganó el Premio Andrés Bello con un trabajo sobre la vida y obra del insigne gramático, lo cual también tiene su belleza.

Especialista en Derecho Laboral, redacta en 1936 la primera Ley del Trabajo de Venezuela, lo que debe haber sido muy trabajoso (también su reforma, en 1989). Inspirado en la doctrina social de la Iglesia, funda el Partido Social Cristiano Copei en una tintorería (por si fracasaba y se tenían que dedicar a lavar ropa).

Ante la posibilidad de ser candidato de la unidad opositora para enfrentar a Pérez Jiménez, este lo detiene y marcha al exilio en 1957. Regresa a la caída del régimen y se incorpora a la lucha política.

Esta era la cuarta (y no sería la última) vez que se postulaba a la Presidencia.

¡Dios concede la victoria a la constancia!

¡Dejo constancia de que no será la última vez que me voy a volver a lanzar!

Como tiene minoría en el Congreso, Caldera echa mano de su prestigio y liderazgo nacional e internacional para lograr la gobernabilidad. El suyo es el primer gobierno monopartidista. (No tenía alianzas parlamentarias).

¡Cuerda cortica, pa que no inventes!

Una de las principales metas de Caldera (y su principal logro político en el futuro) era pacificar el país. La "pacificación" era una política orientada a que los grupos subversivos abandonasen las armas y se incorporasen a la lucha civil y democrática. Después de intensos debates internos, la mayor parte de las organizaciones guerrilleras deciden abandonar la lucha armada, visto -además- que su propuesta no tuvo el impacto popular esperado.

La gente quiere urnas, pero de votación, no de las otras.

En 1969, cobra fuerza en la Universidad Central de Venezuela el **Movimiento de Renovación Universitaria**, con propuestas radicales que alarmaron al gobierno y a la oposición. Los vínculos de sectores de la universidad con extremistas, al amparo de la autonomía, motivaron que se generase una fuerte presión para limitar la misma. Esta presión culminó con la llamada **"Operación Canguro"**.

La UCV fue intervenida militarmente. Se habló en ese momento de la existencia de grupos armados en su interior. Se reformó la Ley de Universidades para darle un sentido distinto a la autonomía. En la operación murieron estudiantes, resultaron heridos muchos otros y algunos fueron encarcelados. La universidad estuvo dos años con suspensión de actividades académicas.

En todo este debate de la izquierda mundial y su dependencia satelital de la Unión Soviética, se produce **la invasión de Checoslovaquia propiciada por la URSS** para frenar el intento de "socialismo en libertad o con rostro humano" que se promovía en ese país. En Venezuela un exguerrillero venezolano, periodista, economista e intelectual de primer orden, **Teodoro Petkoff**, escribe un libro a propósito de este hecho, que será una referencia para la izquierda mundial en la búsqueda de un socialismo compatible con la democracia y la libertad: *Checoslovaquia: el socialismo como problema*.

Éramos comecandela, ahora seremos comeflores.

Inspirado en esa idea del socialismo con rostro humano, nace una nueva organización política de izquierda. El 17 de enero de 1971, en el Club de Ciegos de Caracas, se funda el **Movimiento al Socialismo (MAS)**. Su eslogan: "Sí podemos, somos MAS"; pero nunca pudieron porque eran menos.

Caldera era un político conservador (de derecha, decían). Por un lado, prohibió la película *El último tango en París*.

¡Eso es pornografía!

¡Esto es más pornográfico!

Pero, por otro, denunció en 1972 el tratado de reciprocidad comercial con los Estados Unidos, vigente desde 1939: nos compraban petróleo y no pagaban aranceles por los productos que exportaban al país.

Al final de su mandato, Rafael Caldera inaugura el **Museo de Arte Contemporáneo,** luego llamado **Sofía Ímber** (y luego vuelto a desllamar). Durante años, el museo se convirtió en uno de los mayores referentes de su tipo en toda Sudamérica. Artistas de gran renombre, como Picasso, Pollock, Braque, Rothko, Bacon, Botero, pudieron ser disfrutados (¡gratis!) por los venezolanos. Fue una verdadera proeza que se materializó gracias al tesón y al profesionalismo de esta prominente promotora de la cultura y las artes, Sofía Ímber.

¡Denme un garaje y hago un museo!

Con Rafael Caldera se fortalecen el Estado de derecho y las instituciones en el país. Rafael, en tal sentido (y perdonen la confianza), fue uno de los forjadores de la democracia venezolana. Estos primeros tres períodos presidenciales son de estabilización, reordenamiento de la economía, diseño de planes de desarrollo y pacificación del país. De lo civil sobre lo militar. A Rómulo, Raúl y Rafael podríamos llamarlos el clan RRR (triple erre).

Para la campaña electoral siguiente sucede un hecho inédito: el partido de derecha lanza al dictador Marcos Pérez Jiménez como candidato a la Presidencia, ya que gozaba de popularidad en parte del electorado.

Ante esta intención, se hace la enmienda a la Constitución de 1961, que decía algo más o menos así: "En términos generales: todo expresidente militar, dictador gordito, de baja estatura y con lentes y al que le guste robarse los plebiscitos, perseguir damas en motoneta en La Orchila y cometer otros delitos quedará inhabilitado para la función pública".

¡No es conmigo y me dolió!

En esta campaña muchas cosas habrían de cambiar. Llegaría al poder un hombre de gran carisma popular, de una energía incontenible, una locuacidad irrefrenable y un deseo extraordinario de figuración continental (no, no; todavía no es quien usted está pensando, querido lector).

Venezolanas, venezolanos, colombianos todos.

Carlos Andrés Pérez (CAP), o "el gocho", aludiendo a su origen andino, venía de una intensa actividad política en AD. Había sido ministro del Interior de uno de los gobiernos más represivos de la democracia. Por tanto, traía una imagen de policía, que en política no ayuda y en Venezuela menos.

¡Qué pacificación ni qué pacificación! ¡Plomo y candela contra esos ñángaras!

Su campaña electoral fue quizá la primera campaña de *marketing* político que se hacía en Venezuela para construir una imagen. Se contrató a los mejores asesores norteamericanos. Es la primera vez que un candidato es vendido como un producto.

Tenemos que suavizarte la imagen.

¡Listo!

La DEMOCRACIA PIERDE ENERGÍA

Recibo una Venezuela hipotecada.
LUIS HERRERA CAMPÍNS

(Ahora solo nos falta el desahucio).

CAP se acercó a la población como nadie lo había hecho. Ningún candidato había recorrido el país tan intensamente. "Ese hombre sí camina" fue su *jingle* de campaña; "Democracia con energía", su eslogan. Por todas las calles de Venezuela estaban sus pisadas. Sin duda, un presidente que dejaría una honda huella.

Con Carlos Andrés comienza una nueva fase de la democracia venezolana. Muchos aspectos de su gobierno se parecen a eso que ha dado en llamarse -casi siempre denotando perversión de la democracia- populismo.

Esto es gobernar siempre apelando al pueblo, con medidas que pueden ser muy populares, como aumentos frecuentes de salarios, subsidios directos, congelación de precios, etc., pero cuyos efectos sobre el conjunto del país y su marcha económica pueden terminar siendo negativos.

Acá tienes. No necesitas aprender a pescar.

Aumento de salarios.

Congelación de precios para los bienes de primera necesidad.

CAP hizo eso que en Venezuela se llama **"gobernar por decreto"**, es decir, con poderes especiales en materia económica, otorgados por el Congreso.

Prohibición de despidos injustificados.

Yo creo que a Carlos Andrés tal vez le falta un poquito de ignorancia.

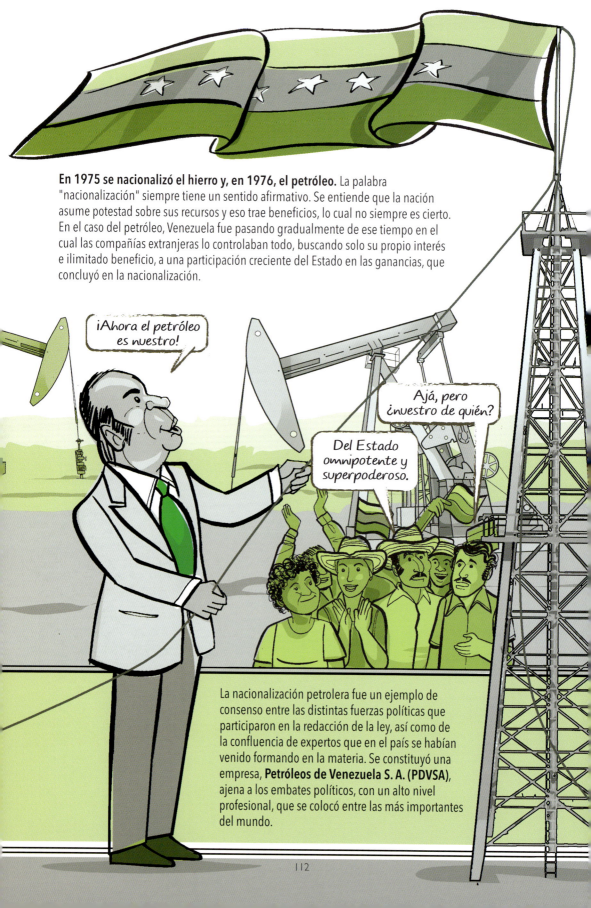

Coincide la nacionalización con el aumento de los precios del crudo, que se cuadruplicaron como consecuencia de la llamada **Guerra de Yom Kippur** contra Israel, lo que motivó un embargo del petróleo, de los productores del Medio Oriente a sus aliados occidentales y el consiguiente incremento en los precios del crudo.

El gobierno de CAP contó con una cantidad de recursos extraordinarios (poderes extraordinarios y planes extraordinarios). Es lo que se llamó la **Venezuela Saudita**, el proyecto de la Gran Venezuela, un ambicioso plan de modernización del país, quizá demasiado ambicioso.

Se instaló en Venezuela el denominado **capitalismo de Estado**: la actividad económica sustentada fundamentalmente sobre la creación de empresas públicas y un Estado interventor, regulador. Su afán venezolanizador dio origen a un sinfín de empresas con el sufijo "-ven".

El tipo está "locoven".

Se crea el **Plan de Becas Gran Mariscal de Ayacucho,** un programa que daba apoyo financiero para que miles de jóvenes se formaran en universidades de Venezuela y el exterior. Muchos profesionales talentosos lo devolverían con conocimientos para el desarrollo del país.

Se crea la **Biblioteca Ayacucho,** para publicar las grandes obras del pensamiento latinoamericano.

En 1975 se crea, bajo la dirección del Maestro José Antonio Abreu, **El Sistema Nacional de Orquestas y Coros Juveniles e Infantiles de Venezuela**. El país se llenó de orquestas, de jóvenes y talentosos músicos. La música llegó a los sectores populares. Muchos niños, gracias a él, son tocados por el sortilegio de la música y literalmente salvados de la violencia.

¡Así tendrá de tiempo "El Sistema", que Gustavo Dudamel no había nacido cuando se creó!

En 1975, el Museo Sofía Ímber organiza una exposición llamada "Todo el Museo para Zapata", en reconocimiento a la trayectoria del gran humorista y artista plástico **Pedro León Zapata**. CAP lo condecora con la orden Andrés Bello.

Caramba, Zapata, ¿quién me iba a decir a mí que algún día yo lo iba a estar condecorando a usted?

No se preocupe, presidente, el desprestigio es mutuo.

Eran tiempos en los que en Venezuela se reconocía el talento sin importar la diversidad de la orientación ideológica y en los que las opiniones políticas disidentes no eran motivo de exclusión. Venezuela ya era un proyecto común en el que todas las voces tenían cabida.

La abundancia de recursos de este período alcanzó también al cine: lo que se dio en llamar el "Nuevo Cine Venezolano". Con apoyo y patrocinio oficial, se realizan películas con hondo contenido crítico de la realidad sociopolítica venezolana.

¡Solo en democracia!

De este tiempo nos vienen algunos de los grandes directores del cine nacional como Mauricio Walerstein (*Cuando quiero llorar no lloro*), Clemente de la Cerda (*Soy un delincuente*) y Román Chalbaud (con su celebérrima obra *El pez que fuma*).

¡El sistema nos financia para hacer películas de denuncia contra él!

El **rentismo** se manifestó en toda su dimensión. Había mucho para repartir. Se crea el Fondo de Desarrollo Agropecuario y el Fondo de Desarrollo Industrial, para financiar el agro y la industria mediante créditos producto de la bonanza, muchos de los cuales terminaron siendo condonados (con perdón de la mala palabra).

Entre los programas de humor con los que ha contado la televisión venezolana a lo largo de su historia, mención especial merece *Radio rochela*.

♪ Se va la audición, que le vaya bien... ♪

Se transmitió durante más de 50 años de manera ininterrumpida todos los lunes a las 8 de la noche hasta el cierre de RCTV. *La Rochela*, como se le conocía, conjugó, a lo largo de su historia, costumbrismo, *sketchs* cómicos, parodias de novelas, concursos de belleza, temas de actualidad y particularmente parodias políticas. El programa caracterizaba personajes y fue siempre referencia del humor televisivo en Venezuela. De él salieron grandes figuras del humorismo nacional.

¡Ta barato, dame dos!

En esos años se comienza a fortalecer una clase media que comenzó a viajar por el mundo como solo viaja la clase alta de cualquier otro país.

Eran los tiempos del bolívar sobrevaluado. Salía mucho más barato hacer mercado en Miami que en Caracas. De allí los personajes que la pareja cómica formada por los humoristas Malula y Jorge Tuero popularizaron en la TV: una pareja venezolana aficionada a los viajes a Miami (los populares mayameros) y a los que los precios de allá siempre les resultaban baratísimos al cambio del momento: Bs. 4,30 por dólar.

Igualdad por arriba y desigualdad por abajo.

En Venezuela, una parte del país ascendía a la riqueza por el ascensor, mientras otros iban por las escaleras con mucho esfuerzo, pero cada vez crecía más el número de personas que permanecían en el sótano o no llegaban a pasar de la planta baja del edificio de la abundancia.

Con el incremento de los precios del petróleo se potenció un fenómeno que no era ajeno en nuestra historia: la corrupción. Se nos volvieron hechos demasiado habituales la impunidad, el tráfico de influencias, el compadrazgo. Se hablaba entonces de *los doce apóstoles*, un grupo de empresarios que había financiado la campaña de CAP y que ahora cobraba con contratos dudosos y jugosos su apoyo.

Uno de esos hechos significativos de corrupción que estallarían después, durante el gobierno de Luis Herrera Campíns, es el caso del sobreprecio en la adquisición del buque *Sierra Nevada*. Se le abriría una investigación al propio presidente Pérez, que si no llegó a los tribunales fue porque, para enjuiciar a un senador vitalicio, se requería la aprobación del Congreso. La votación fue reñida. Al final, Carlos Andrés se salvó de ser enjuiciado por un voto, por un solo voto, solo, solitico: el del Dr. José Vicente Rangel, adalid de la lucha en contra de la corrupción.

Así como aumentan nuestros ingresos, aumenta también nuestro endeudamiento externo y externo para los nuevos proyectos que surgen. Ese ritmo frenético ya no es posible mantenerlo solo con ingresos petroleros. Venezuela solicita empréstitos a Japón y a los países árabes, a Alemania. Todos nos prestan. Comenzamos entonces a gastar más de lo que nos ingresa.

¡Tranquilos! Tenemos con qué responder.

Entre tanta orgía de gastos, hubo algunas voces que advertían lo que nos podía venir si no cambiábamos el rumbo: **Juan Pablo Pérez Alfonzo,** abogado especialista en materia petrolera y llamado con justicia "padre de la OPEP", advirtió muchas veces sobre los riesgos del excesivo incremento de los ingresos petroleros si eso no iba acompañado de una política de austeridad y de una administración eficiente, que produjera otras formas de riqueza (la vieja idea de "sembrar el petróleo").

El petróleo no es oro negro; ¡es el excremento del diablo!

Carlos Rangel, en su obra *Del buen salvaje al buen revolucionario* –libro que causó la ira de los sectores de la izquierda más extrema, que llegaron incluso a quemarlo públicamente- combatía el llamado "victimismo" latinoamericano.

> España en la Colonia, la CIA más tarde. No podemos seguir culpando de todos nuestros males a agentes externos.

Promovía la propiedad y particularmente la libertad económica. Este libro fue publicado en 1976, en plena efervescencia en Venezuela de un pensamiento y de una acción (democrática) orientada justamente a lo contrario.

> ¡La intervención del Estado debe ser mínima!

> Nuestro atraso se debe a nuestros propios errores e incapacidad para adoptar el modelo de progreso que representa la doctrina liberal.

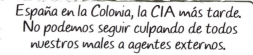

Ya lo dijo el premio Nobel de literatura **Octavio Paz**:

> No siempre es popular tener razón antes de tiempo.

Otra voz disidente fue la de **Renny Ottolina.** El popular animador, locutor y productor de televisión siempre mostró preocupación social y ciudadana. Renny preconizaba un país donde **el mérito de la gente** fuese el elemento clave en el avance de Venezuela (se adelantó a la meritocracia). Depender menos del petróleo e impulsar la agricultura ("sembrar el petróleo" otra vez).

> El respeto de las normas y la educación cívica es la vía para establecer una nación de ciudadanos responsables, honestos, comprometidos.

Poco antes de formalizar su candidatura, murió en un accidente de aviación, en la avioneta que lo llevaba a la isla de Margarita. Hasta hoy, un halo de misterio se mantiene en torno a ese accidente. No faltó quien atribuyera el accidente a un atentado promovido desde la cúpula del poder.

¿Habría podido Renny romper con el bipartidismo imperante, ganar la Presidencia con sus extraordinarias habilidades comunicacionales e imprimirle un rumbo diferente al país? Muchos aseguran que sí, pero este es otro misterio de la historieta política nacional que quedará en el mismo archivo muerto de las cosas que no fueron, como la presidencia de Diógenes Escalante.

Cuando parecía que el país estaba pacificado, sucedió un hecho insólito: el 27 de febrero de 1976 (en Venezuela todas las cosas insólitas suceden en febrero) es secuestrado por un comando guerrillero de izquierda el empresario norteamericano **William Frank Niehous**, presidente de la compañía Owens Illinois. Los secuestradores lo acusan de ser agente de la CIA, una de las acusaciones predilectas de la izquierda radical.

También se dijo que la organización Liga Socialista estaba involucrada en el secuestro. De hecho, su fundador, **Jorge Rodríguez (padre)**, fue apresado por su supuesta participación. Se produce un hecho que -desafortunadamente- se ha repetido demasiadas veces en nuestra historia policial en términos de violación de derechos humanos: el detenido fallece en cautiverio como consecuencia de las torturas recibidas en la Disip (la Policía política de la época, como decir el Sebin hoy). Este injustificable abuso policial habría de salirle, años después, muy caro al país.

Algunos de los secuestradores tendrían más tarde figuración política y diplomática.

Al final, Niehous apareció vivo el 29 de junio de 1979, cuando la Policía buscaba ganado robado y se encontró a este hombre, que había resistido como un toro. Tanto, que aún tuvo fuerzas para gritar la frase que sirvió de titular a todos los periódicos de la época:

¡No disparen soy Niehous!

El humor popular había puesto de moda otra frase, que se había hecho común en la Venezuela de entonces. Cuando alguna persona pasaba mucho tiempo sin ser vista, era frecuente oír a un amigo reclamarle en un encuentro:

¡Estás más perdido que Niehous!

También la política exterior se desarrolló a lo grande: Pérez se convirtió en una especie de líder del tercer mundo frente a los países desarrollados. Venezuela es el vecino nuevo rico. Nunca un presidente había viajado tanto.

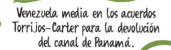

Venezuela media en los acuerdos Torrijos-Carter para la devolución del canal de Panamá.

Financia organismos regionales, crea otros y ofrece a Venezuela como sede de algunos (Grupo Andino, SELA, la OEA).

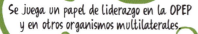

Se juega un papel de liderazgo en la OPEP y en otros organismos multilaterales.

Se le regala un barco a Bolivia como un gesto de apoyo internacional para que el citado país andino pudiera recuperar su salida al mar, perdida en el siglo XIX.

CAP dio mucho apoyo político, diplomático y material a la naciente democracia española después de la muerte de su dictador, Francisco Franco. Colaboró activamente para llevar de regreso a España al líder socialista Felipe González, exiliado por persecución política. Lo hace en su avión presidencial. Al aterrizar habla con el rey.

¡Debo advertirle que le traigo un contrabando!

Quizá la palabra que mejor defina este período sea la **"megalomanía"** (de "mega": grande y "manía": excitación, locura). Estábamos enloquecidos con nuestras posibilidades de grandeza.
El gobierno de CAP fue un gobierno de euforia, de efervescencia, de ingresos que se imaginaron ilimitados. Fue un gobierno de muchos (¡y costosos!) proyectos.

Dijo que iba a administrar la abundancia con criterio de escasez.

Pero manejó la abundancia con escasez de criterio.

Al final, la deuda externa ascendía a Bs. 31 000 000 000 y la interna a Bs. 19 148 000 000. Esto puede que hoy, a la luz de la hiperinflación y al precio del dólar en el mercado negro, no parezca mucho, pero en aquellos tiempos eran muchísimos millones de dólares.

En 1978, la quinta campaña electoral tuvo como telón de fondo el tema de la corrupción administrativa. El propio candidato del partido gobernante (AD), Luis Piñerúa Ordaz, se vendía como un hombre "correcto" (a buen entendedor).

¿Con quién estás tú, compañero?
¡Con Luis Piñerúa, vale!

¡Luis Herrera arregla esto!

Era la primera vez que se utilizaba al "mono" como símbolo del endeudamiento.

DEUDA

¿Es esto lo que tú quieres que continúe? ¿Es esto correcto?

Luis Herrera Campíns, candidato del partido Copei, por su parte hablaba con claridad y sin cortapisas: "¿Dónde están los reales?", era la pregunta central de su campaña. Herrera mostraba en televisión los cinturones de marginalidad que se habían tejido alrededor de la abundancia petrolera. La miseria de Aleida Josefina en Caucagüita se conoció por todos los rincones.

En diciembre de 1978, Luis Herrera obtiene la victoria y se convierte en el quinto presidente de la democracia. La alternabilidad AD-Copei se volvió tradición en la política venezolana en un sistema de relativa estabilidad. Pero su discurso de toma de posesión fue una bomba.

Fue un presidente muy pintoresco y coloquial. Y también muy culto. Se empezó a hacer famoso por sus populares refranes. Había una leyenda que le atribuía el consumo de los populares chocolates torontos. Decían que siempre tenía los bolsillos llenos con ellos y los que comía de manera continua.

Recibo un país hipotecado.
¿Y eso qué quiere decir?
¡Que compren alpargatas, que lo que viene es joropo!

Esa fama me la quitaré cuando la rana eche pelo y morrocoy suba palo.

Por su apoyo decidido a la cultura, muchos llamaron a Luis Herrera "el presidente cultural". Inaugura el teatro **Teresa Carreño**, que se cuenta entre los mejores de América Latina. Fue un ejemplo de continuidad administrativa, pues estas obras comenzaron en 1973. Allí se han presentado artistas y espectáculos de prestigio, aunque en los últimos tiempos ha sido utilizado mayormente como sede de operetas.

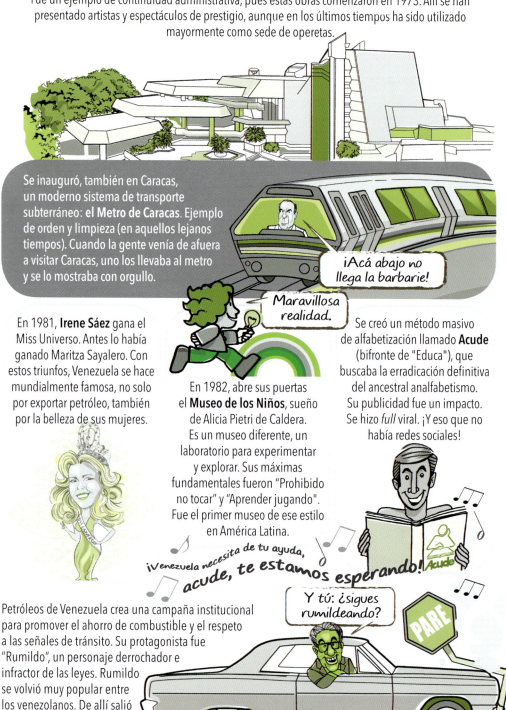

Se inauguró, también en Caracas, un moderno sistema de transporte subterráneo: **el Metro de Caracas**. Ejemplo de orden y limpieza (en aquellos lejanos tiempos). Cuando la gente venía de afuera a visitar Caracas, uno los llevaba al metro y se lo mostraba con orgullo.

¡Acá abajo no llega la barbarie!

Maravillosa realidad.

En 1981, **Irene Sáez** gana el Miss Universo. Antes lo había ganado Maritza Sayalero. Con estos triunfos, Venezuela se hace mundialmente famosa, no solo por exportar petróleo, también por la belleza de sus mujeres.

En 1982, abre sus puertas el **Museo de los Niños**, sueño de Alicia Pietri de Caldera. Es un museo diferente, un laboratorio para experimentar y explorar. Sus máximas fundamentales fueron "Prohibido no tocar" y "Aprender jugando". Fue el primer museo de ese estilo en América Latina.

Se creó un método masivo de alfabetización llamado **Acude** (bifronte de "Educa"), que buscaba la erradicación definitiva del ancestral analfabetismo. Su publicidad fue un impacto. Se hizo *full* viral. ¡Y eso que no había redes sociales!

¡Venezuela necesita de tu ayuda, acude, te estamos esperando!

Petróleos de Venezuela crea una campaña institucional para promover el ahorro de combustible y el respeto a las señales de tránsito. Su protagonista fue "Rumildo", un personaje derrochador e infractor de las leyes. Rumildo se volvió muy popular entre los venezolanos. De allí salió eso de andar "rumildeando".

Y tú: ¿sigues rumildeando?

La fuga de capital fue brutal: sesenta millones de dólares. La desconfianza en el bolívar era inmensa.

Más vale verde en mano que cien "marrones" volando.

¡Dicen que no hay quinto malo, pero peor que este quinto gobierno, lo dudo!

Todos los pescados tienen espinas, pero el chicharro es el que carga con la fama de espinoso.

Luis Herrera llegó al poder con el compromiso de combatir la corrupción, pero este ya comenzaba a ser un mal con raíces extendidas en la sociedad. Aunque fue un presidente de una honestidad a toda prueba, algunos de sus colaboradores no eran portadores de la misma virtud. Dejó su gobierno obras importantes para la cultura, un estilo presidencial llano, con sentido del humor y refranes oportunos.

¡Todos son el mismo musiú pero con diferente cachimbo, mi pueblo!

Unas nuevas elecciones se avecinaban. Nuestra democracia se había consolidado definitivamente, pero también comenzaba a entrar en crisis. Del apasionamiento por el voto en 1958, la gente iba, progresivamente, mostrando su desencanto a través de una abstención cada día más creciente.

¡Sí podemos! ¡Somos MAS!

Dile SÍ a tu país.

¡Rolo a rolo, tolete a tolete!

Los principales candidatos eran: por Copei, el **Dr. Rafael Caldera**; por AD, el Dr. **Jaime Lusinchi,** médico pediatra; y por la izquierda democrática, **Teodoro Petkoff** (MAS). Caldera tenía dos cargas muy pesadas: su insistencia en lanzarse otra vez a la presidencia y el desprestigiado gobierno copeyano de Luis Herrera. Lusinchi, en cambio, era un candidato bonachón y simpaticón, con la maquinaria adeca bien aceitada atrás. Teodoro, bueno, pertenecía a esa izquierda que todavía no terminaba de cuajar en el electorado, monopolizado por la dupla AD-Copei.

El control de cambio seguía vivito y coleando. Nuevos casos de corrupción se iban fraguando, asociados a Recadi. De todos los sistemas de robo, este era el más apetecido por los corruptos. La asignación de divisas preferenciales se convirtió también en un mecanismo de presión sobre los sectores que las requerían. En el caso de los medios de comunicación, en una forma de presión y control.

¡Hemos firmado "el mejor refinanciamiento del mundo"!

El mono de la deuda era el gran dolor de cabeza del gobierno. Gran parte de los ingresos de la nación eran destinados para su pago, dejando en segundo plano a la población más necesitada. Se logró un acuerdo con el Fondo Monetario para refinanciarla, basado en una supuesta subida de los precios del petróleo.

¡Pagaremos la deuda eterna!

¡Un escándalo esta inflación! ¡Imposible tener una más alta en la vida!

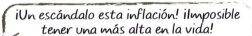

Dicha subida de precios nunca llegó. Grave para un país monoproductor y dependiente del petróleo. La crisis se mantenía, nos bajaba el producto interno bruto (¡por brutos!). Durante los cinco años de gobierno, la inflación acumulada alcanzó la escandalosa, alarmante, horrorosa cifra del 131,17%.

Es que la Blanca, ¡perdón!, la banca nos engañó!

El gobierno echa mano entonces de las reservas internacionales y se abraza al populismo desenfrenado, devalúa la moneda, controla los precios de bienes de primera necesidad.

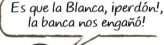

Este período de Jaime Lusinchi coincide con el **boom musical** que vivió nuestro país. Como consecuencia del "viernes negro", al ser imposible contratar artistas extranjeros en dólares, las empresas productoras y disqueras comienzan a invertir en el talento nacional que ya tenía tiempo sonando. Sonográfica y Sonorodven fueron las grandes disqueras por excelencia. De ahí salieron grandes estrellas que formaron parte del *soundtrack* de nuestras vidas.

"¡Juan Pablo, amigo, Venezuela está contigo!"

Toda Venezuela fue testigo de un evento muy especial: nos visitaba por primera vez un Papa, y no cualquier Papa: era el carismático **Juan Pablo II. Su estadía fue de tres días.** Estuvo en Caracas, Maracaibo, Mérida y Ciudad Guayana. En esta última ciudad, el Papa quedó cautivado con la voz del niño **Adrián Guacarán,** quien le dedicó la canción "El peregrino".

Juan Pablo II realizó una masiva misa en los terrenos al oeste de Montalbán, Caracas. En su honor, se construyó un complejo residencial para la clase media, bautizado con el nombre del pontífice. Esta urbanización fue objeto de escándalos por haber adjudicado apartamentos a familiares directos o indirectos de la secretaria privada del presidente: **Blanca Ibáñez.**

¡Barragana!

"¡Yo sí, y a mucha (des)honra!"

Con ella el presidente mantenía una cercanía bastante cercana; demasiado cercana, pues. Luis Piñerúa, dirigente adeco, la inmortalizó con un mote difícil de olvidar para los venezolanos.

Durante su mandato, Lusinchi se divorció de la primera dama, la señora Gladys Castillo, quien fue objeto de presión judicial y acoso.

"Todos mis ascensos están "cubridos"."

Todos estos escándalos degradaron la tradicional majestad que rodeaba a la Presidencia en Venezuela. Los efectos serían irreversibles para la democracia.

"Te otorgo la Orden del Libertador, mi libertadora."

El tema Blanca Ibáñez estaba vetado en los medios de comunicación. Era el verdadero poder detrás del trono. Comenzó a tener incidencia en decisiones importantes del gobierno. Otorgamientos de contratos, destitución de funcionarios, dólares preferenciales y hasta ascenso de generales pasaban por su aprobación.

El sector político comenzó a percibir la necesidad cada vez más urgente de reformas que hicieran más eficiente, transparente y funcional al Estado (el espectro político, administrativo, económico y judicial). La democracia se alejaba del ciudadano y el ciudadano de la democracia. Había que reformular el sistema. Durante la gestión de Lusinchi se crea entonces la tan nombrada Comisión para la Reforma del Estado (conocida por sus siglas, Copre. Nada que ver con "coprófago" ni con "coprofagia").

Se convocó a especialistas que hicieron recomendaciones a corto y mediano plazo. De esta comisión nace el germen de la **descentralización del poder**. Antes, los gobernadores y alcaldes eran elegidos por el presidente. Ahora iban a ser elegidos por el pueblo.

Es decir, ya el dedo no pondrá funcionarios. ¡Solo quedará pa campaneá whisky, compañero!

¿Y cuándo se terminará esa autopista para oriente?

En cuanto a obras de infraestructura, en el gobierno de Lusinchi se remodeló el Paseo Vargas (La Guaira), se construyó el hospital Domingo Luciani, se amplió la línea 2 del Metro de Caracas, (tramo Zoológico/Las Adjuntas-La Paz), se concluyó la segunda fase de la Central Hidroeléctrica de Guri, se construyó el embalse Turimiquire y se iniciaron trabajos de la autopista al oriente del país.

Con el favor de Dios, antes del fin del mundo.

Ahí no hubo matanza, lo que hubo fue un "encuentro".

Dos masacres dejaron sendas manchas en el expediente de derechos humanos del gobierno: **Yumare**, en Yaracuy, donde nueve personas fallecieron a manos de la Disip (lo que es hoy el Sebin, para que se entienda) y **El Amparo**, en el estado Apure.
Allí catorce personas fueron asesinadas. Se dijo entonces que eran guerrilleros colombianos armados, cuando en verdad eran pescadores desarmados (y desalmados sus asesinos). La sociedad venezolana se estremecía e indignaba hondamente con esas noticias.

Carlos Andrés Pérez, siguiendo el ejemplo que Caldera dio, aspira de nuevo a la Presidencia. Basó su candidatura en rememorar la "abundancia" de su primer mandato. Las cuñas evocaban imágenes de la "Gran Venezuela". Viejos *jingles* remozados con nuevos ritmos. El famoso salto del charco que tanta "viralidad" -diríamos hoy- obtuvo en 1973, sirve también a la segunda. Todo estaba orientado a la activación en el elector de la nostalgia de tiempos mejores. Su eslogan: "la fuerza de la esperanza".

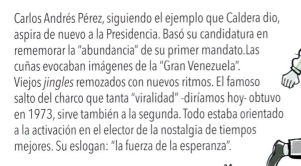

Antes me decían "Locoven", ahora me dicen ¡Ven, loco!

CAP es electo con el 52,91% de los votos. Su toma de posesión, celebrada con toda fastuosidad, fue bautizada como **"la coronación"**. Por vez primera se celebró fuera de los espacios del Palacio Federal, en el Teatro Teresa Carreño, con invitados internacionales de primer orden, entre ellos, Fidel Castro, quien fue la "vedette" del acto.

Sin duda, el derroche de la toma de posesión impactó al país, que sentía los efectos de la crisis. No era el mejor preludio de lo que vendría.

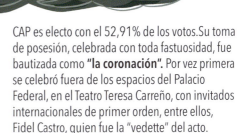

¡Lo sabía, volvió la bonanza, somos ricos!

CAP se enfrenta a la amarga realidad: las arcas estaban vacías. ¡Solo había 300 millones en las reservas internacionales!

A mí tú sí me jod...

Tenemos que llegar al fondo.

¿Al fondo del problema?

No, ¡al Fondo Monetario Internacional!

Los desequilibrios macroeconómicos son insostenibles. CAP entiende que, con el populismo de su primer mandato, el país va a la debacle. La deuda, el gasto público, las restricciones a la economía requieren acciones contundentes. Es necesario enfrentar el rentismo, liberalizar la economía.

El gobierno decidió mantener las medidas en pie, salvo la del aumento de la gasolina. El presidente, recién electo con más de la mitad de los votos, entraba en una espiral de impopularidad de la que no se repondría. Las reservas internacionales aumentaron y el déficit público se redujo, pero el costo social fue elevado. Se hablaba de un 30% de pobreza absoluta.

⬆ RESERVAS INTERNACIONALES
⬇ POPULARIDAD

A finales de ese año se celebran las primeras elecciones directas a gobernadores y alcaldes. Nuevos rostros refrescan la política generando espacios propios. La descentralización es una conquista.

Henrique Salas-Römer
Gobernado Edo. Carabobo

Oswaldo Álvarez Paz
Gobernador Edo. Zulia

Andrés Velásquez
Gobernador Edo. Bolívar

Carlos Tablante
Gobernador Edo. Aragua

Se ordena la detención de Blanca Ibáñez, Jaime Lusinchi y Jose Ángel Ciliberto por el caso de los famosos *jeeps* comprados por el ministro Ciliberto, usados para la campaña de Carlos Andrés Pérez y adquiridos con fondos públicos (eran tiempos en los que los escándalos escandalizaban). Otra vez la justicia actúa con la velocidad necesaria para que los implicados huyan del país. Otra raya más para el tigre democrático.

CAP, quien tanto había cuestionado al Fondo Monetario, terminó adoptando su programa de rectificación. Se inicia un plan de privatizaciones, otra palabra temida en Venezuela. Empresas emblemáticas del Estado, como CANTV y Viasa, pasan a manos privadas, lo que redunda en incremento de ingresos para el país.

¡¡¡A mí no me jodes tú!!!

Por lo menos ya no tengo que esperar 10 años para tener tono.

tuuuuuuuuu...

Las medidas económicas estaban surtiendo efecto. El país comenzaba a despegar en la macroeconomía.

Y en la microeconomía, ¿como pa cuándo?

Si no se da respuesta a la crisis venezolana, ¡amanecerá de golpe!

Las críticas al rumbo que tomaban los acontecimientos provenían de diversos sectores. Entre ellos, de un grupo llamado los Notables, por ser figuras de prestigio y renombre en distintas áreas del quehacer nacional. El más destacado de ellos era **Arturo Uslar Pietri.** Escribieron una carta pública pidiendo reformas urgentes. Llegó incluso a sugerirse que algunos de ellos hubieran podido estar involucrados en las conspiraciones que luego vendrían.

En el mandato de CAP poco se hablaba -aunque era público y notorio- de su larga relación extramarital con Cecilia Matos, quien había trabajado como secretaria para AD.

Hubo denuncia de injerencia de la Sra. Matos en asuntos vinculados a contratos del gobierno y se sacó a relucir la propiedad de bienes que no se ajustaban a su desempeño profesional. Cuando, ya expresidente, Pérez fallecía en el exilio, Cecilia Matos protagonizó -junto con la primera familia del presidente- una acalorada disputa por la sepultura de CAP, quien estuvo 6 meses en el depósito refrigerado de una funeraria en Miami, hasta que se acordó el entierro en su patria.

¿Y usted es secretaria o pareja?

¡Ni lo uno ni lo otro, sino todo lo contrario!

Hay en el ambiente eso que en Venezuela se llama "ruido de sables", como sinónimo de descontento en el sector militar y de la existencia de eventuales conspiraciones en marcha.

Presidente, me dicen que Songo quiere dar un golpe.

Presidente, me dicen que Borondongo quiere dar un golpe.

Presidente, me dicen que Bernabé...

Songo le dio a Borondongo, Borondongo le dio a Bernabé. ¡A mí nadie me da golpes! ¡Yo conozco muy bien a las Fuerzas Armadas!

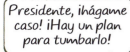

El dictador Fidel Castro le manda una carta a CAP.

"En este momento amargo y crítico, recordamos con gratitud todo lo que has contribuido al desarrollo de las relaciones bilaterales entre nuestros países".

Estos son los verdaderos amigos. Solidarios con la democracia.

Otra raya más, tigre.

El candidato Eduardo Fernández, líder de la oposición, desde muy temprano salió a dar su respaldo al orden constitucional. Esta acción, la que le correspondía como ciudadano y como líder democrático, le acarreará críticas y el endoso de la impopularidad de CAP. En Venezuela -lamentablemente- a veces quien hace las cosas bien es castigado.

Ese día se convoca a una sesión extraordinaria en el Congreso para suspender las garantías constitucionales.

Hubo condenas "tibias" al golpe.

¡Hay muchas maneras de burlar la Constitución! ¡Algunos pueden burlarla con las armas, pero otros pueden hacerlo con los votos!

Otras más tajantes.

¡Muerte a los golpistas!

Y la de Rafael Caldera.

Es difícil pedirle al pueblo que se inmole por la libertad y por la democracia cuando piensa que la libertad y la democracia no son capaces de darle de comer...

El expresidente tuvo el suficiente olfato político para condenar y no condenar el golpe a la vez. Se hizo eco de lo que muchos venezolanos pensaban en ese momento. Se dice que ganó su segundo mandato ese día.

DESCONTENTO POPULAR

Si a alguien le quedaba duda del apoyo de la población al golpe, solo debía pasearse por el carnaval de ese año y ver los disfraces de los niños.

El 10 de marzo, el partido opositor **La Causa R** convoca a una protesta inédita en nuestro país: un cacerolazo contra el presidente.

Para completar el ambiente, el canal 2 (RCTV) estrena *Por estas calles*, una telenovela original del dramaturgo Íbsen Martínez, que hacía una crítica demoledora al sistema político venezolano y sus instituciones: a los empresarios, los cuerpos policiales, los jueces (en algunos casos casi con nombre y apellido). No quedaba títere con cabeza en esa trama. La sintonía de la novela era altísima, el espectador se sentía de alguna forma vengado de los que él percibía como causantes de su mal vivir.

Por estas calles produjo un impacto profundo en la colectividad e incrementó su descontento. Aupó la percepción que ya se sentía de que los políticos y la política no estaban funcionando bien, de que necesitábamos en el país una suerte de "hombre de la etiqueta" (un personaje de la trama, que hacía justicia por su mano al margen de las leyes).

¡Así es! ¡Plomo con todos esos corruptos, najada!

Preocupados, funcionarios del gobierno se reúnen con los representantes de todos los medios televisivos y radioeléctricos.

¡Critiquen al gobierno, pero también coloquen documentales históricos que muestren lo peligrosos que son los golpes de Estado!

Lo siento. Nuestro negocio es el entretenimiento.

Cuando CAP creía que las aguas estaban más o menos calmadas, el 27 de noviembre le estalla otro golpe. Esta vez más sangriento. Las cifras extraoficiales hablan de más de 250 muertos. Ahora los bombardeos son desde el aire. El objetivo era lograr un gobierno de transición y liberar a Hugo Chávez, encarcelado por el fallido golpe de febrero.

El teniente Jesse Chacón era el encargado de tomar el canal del Estado para transmitir el video de los golpistas. En la incursión a la televisora, los soldados insurgentes asesinaron a varios de sus trabajadores.

Tras haber realizado esta acción, fue difundido un video llamando a la población a sumarse a la rebelión. Nadie salió. Solo una pregunta aún retumba a los venezolanos que vivieron este triste espisodio.

¿Y quién coño es el gordito de la franela rosada?

Sin embargo, CAP pudo hablar a través de la TV. Nuevamente logra controlar la situación. La mayoría de los golpistas huyen a Perú, donde fueron recibidos por el presidente **Alberto Fujimori** en calidad de perseguidos políticos; en abril de ese año, el gobierno venezolano había roto relaciones diplomáticas con Perú por el autogolpe que Fujimori había dado.

Ustedes son de los míos.

Al final casi todo el país estaba en contra de CAP (medios de comunicación, partidos políticos, intelectuales, la población). Era la tormenta perfecta.

Todos me hacen bullying. Ya nada peor me puede pasar.

¡Hoolis!

Sí le pasó. La Fiscalía solicitó a la Corte Suprema de Justicia permiso para enjuiciarlo por malversación de fondos públicos.

Lo enjuician, lo encuentran culpable y, 8 meses antes de terminar su mandato, el presidente Carlos Andrés Pérez es destituido de su cargo. Su salida del poder fue un episodio inédito en la historia nacional. Abandonó la política -menester es decirlo- respetando y acatando la institucionalidad democrática que lo apartó del poder, sin obstaculizar su funcionamiento. Fue preso en su residencia: La Ahumada.

¡Imposible, impensable que venga un gobierno peor que este!

Hubiera preferido otra muerte.

Estos polvos traerían unos lodos que nadie podía predecir.

El presidente del Congreso, **Octavio Lepage**, asume la Presidencia de la República de forma interina durante un mes. Luego, el Congreso elige al historiador y jurista **Ramón José Velásquez** para completar el período constitucional de CAP. No era fácil su tarea. Conocedor de nuestra historia, afrontó una coyuntura tormentosa con esa "calma y cordura" tan propia de los andinos. Cumplió su misión: apaciguó los ánimos y condujo al país a un nuevo proceso electoral.

Aunque fue corto su mandato, en él sucedieron 3 hechos históricos:

El **indulto** fraudulento otorgado al narcotraficante **Larry Tovar Acuña,** falseando la firma del presidente.

La primera final en la historia de los eternos rivales de nuestro béisbol: **Leones del Caracas y Navegantes del Magallanes.**

La intervención del Banco Latino, que ya arrastraba problemas de liquidez y sería la punta del iceberg de la venidera crisis bancaria.

Una nueva campaña presidencial comienza.

¡Graaacias, chiripas de mi chiripero!

Los principales candidatos eran: **Rafael Caldera** (se lanza ooootra vez) apoyado, no por el partido Copei, del que era fundador, sino por el Movimiento al Socialismo (MAS) y por un nuevo partido suyo: Convergencia Nacional, así como por eso que -como él señaló- se llama irónicamente "el chiripero" (una lista de pequeños partidos políticos).

Claudio Fermín por AD, Oswaldo Álvarez Paz por Copei y Andrés Velásquez por La Causa Radical. Lo curioso es que el primer lugar en esta elección fue para **la abstención**, que alcanzó un 40%, dato a tener en cuenta como muestra de la creciente desconfianza de los electores en el sistema político.

Caldera ganó de chiripa.

En el terreno político, Caldera debe enfrentar la fractura al interior de las Fuerzas Armadas como consecuencia de dos golpes militares. Lo primero que hace a pocos días de asumir la Presidencia es notificar al Alto Mando Militar su decisión de cambiarlo. Es esta una decisión nada habitual y muy compleja, porque no hay nada que le guste más a un militar que un alto mando (lo bueno es que si le iban a dar un golpe tenían solo tres días para organizarlo).

¡Me destituyeron de golpe!

En materia económica también fue complicado el panorama: le tocó afrontar **la crisis bancaria**: una crisis de liquidez en los bancos que había comenzado durante el breve período del Dr. Velásquez. En el gobierno de Caldera la situación afectó a otras instituciones. Fue menester darles auxilio a través del fondo de garantías Fogade, pero fue inútil porque los capitales terminaron fugados, así como los banqueros incursos en delitos por malos manejos de sus bancos. Nuevamente los llamados delitos de cuello blanco quedaban impunes. Para proteger a los ahorristas se terminó por estatizar los bancos. El 60% de ellos quedó en manos del Estado.

¡Fogade no! ¡Fugados!

La resaca de la crisis bancaria y los precios bajos del petróleo (el barril se cotizaba en ocho dólares) obligan a tomar medidas urgentes. Al tener minoría parlamentaria en el Congreso, Caldera no logra la aprobación para sus planes económicos. Él, que rechazaba el "paquete neoliberal" de CAP, tuvo que adoptar medidas similares: la llamada **"Agenda Venezuela"** se pone en marcha.

Se crea el Seniat, para controlar el déficit fiscal.

Se aumenta progresivamente el precio de la gasolina.

Se establece el IVA (impuesto al valor agregado).

Se elimina la retroactividad de las prestaciones sociales.

Se elimina el control de cambio.

Se aumentan los precios de los servicios públicos.

Estamos mal, pero vamos bien.

El conductor de esta política que se acercaba al modelo ortodoxo liberal (tildada de derecha) no era otro que el exguerrillero (de izquierda) **Teodoro Petkoff**.

Uno de izquierda con programa de derecha.

Fin de mundo, Trinita.

Todas estas medidas fueron acompañadas de programas sociales para atenuar su impacto. A diferencia de CAP, Caldera buscó consenso político para poder ejecutarlas. Su principal aliado fue el todopoderoso secretario general de AD, **Luis Alfaro Ucero**.

Tú tranquilo, que no te voy a trancar la partida.

Caldera inicia la "apertura petrolera", criticada por algunos por considerarla un retroceso en la nacionalización del petróleo. Este proyecto pretendía incorporar nuevos capitales privados para la explotación del crudo ante la caída en sus precios.

Mientras tanto, el teniente coronel Hugo Chávez, líder de la intentona golpista del 4F, seguía preso. Periodistas, dirigentes políticos, dueños de medios, empresarios, pueblo llano hacían colas todos los días para conocer en persona al nuevo "salvador" en el cuartel San Carlos. Sus condiciones de reclusión eran muy "desfavorables".

La mayoría de los alzados habían sido liberados, incluso durante el gobierno de CAP, y hasta reincorporados al Ejército. Chávez, por su parte, no había sido juzgado luego de dos años de reclusión. Una buena parte del país (escritores, intelectuales, artistas, politicos) pedía al presidente que lo liberara.

"Pero Caldera seguramente te abrirá las rejas de la cárcel donde estás. Ojalá lo haga. Verte en libertad es lo menos que podemos desear quienes a ti te debemos estar donde estamos".

Hasta los periodistas se hacen eco. La prensa también me tiene prensado.

Un 26 de marzo de 1994, luego de dos años en prisión, **Caldera le otorga un sobreseimiento a Hugo Chávez.** Muchos -incluso insólitamente algunos de los que votaron por Chávez- culpan a Caldera de su ascenso al poder, por haber otorgado el sobreseimiento sin inhabilitarlo políticamente. Lo cierto es que la decisión buscaba unificar fracturas en la Fuerza Armada y atender a esas presiones, en pro de la liberación de Chávez, de amplios sectores sociales, muchos de los cuales luego lo olvidaron (a veces la memoria es selectiva). Por otro lado, el presidente no tenía facultades para inhabilitar.

La democracia no supo castigar bien a quien atentó contra ella y eso se paga caro.

Ese mismo año, el 14 de diciembre, **Chávez visita Cuba.** El país caribeño estaba pasando por el **Período Especial**, una etapa de dura crisis económica. Esto debido a la caída de la Unión Soviética, su principal financista. El mismo Fidel Castro lo recibe en persona al llegar al aeropuerto: un honor que solo es reservado para los jefes de Estado.

En el Aula Magna de la Universidad de La Habana, ante Fidel y la alta jerarquía cubana, Chávez dio un discurso que ya daba pistas de por dónde venían sus tiros.

En octubre de 1996, un astrólogo y filósofo, **José Bernardo Gómez,** predijo la muerte del presidente Caldera. Esta afirmación -en vez de ser tomada por el lado esotérico- lo fue como el anuncio de una conspiración. El astrólogo fue detenido por la Disip e interrogado durante varios días. Al final quedó en libertad y Caldera vivió 13 años más. La profecía no se cumplió... ¿o sí? porque la democracia representativa, que Caldera había ayudado a edificar, tenía sus días contados.

Nuestro país recibe la visita del presidente de Estados Unidos, **Bill Clinton.** El presidente norteamericano dijo entonces que Venezuela estaba "chévere", un venezolanismo que denota felicidad y bienestar. Sin embargo, la procesión iba por dentro.

Caldera pone fin a su larga carrera política. Representó para Venezuela una síntesis del político con el intelectual. Con Rómulo Betancourt funda **el período más largo y estable de democracia en el país**, pero a diferencia de este, optó por la reelección, inconveniente para él, para su partido y para el país, poniendo en peligro la renovación dentro del partido que fundó. Su segundo mandato fue de precarios equilibrios. Se cierra así un ciclo en nuestra historia.

Ciertamente no se perdió, pero estábamos peligrosamente al borde del abismo y dimos un paso al frente.

Esta es una revolución pacífica, pero armada.
Hugo Chávez

(... y hemos comprobado que lo de *armada* es muy cierto).

LLEGÓ la DICTABLANDA...

El proceso electoral que condujo a Chávez a la Presidencia fue bastante complejo.
A la herida de muerte que arrastraba el bipartidismo se sumaron una serie de comportamientos erráticos que dieron un vuelco inesperado al panorama electoral.

Irene Sáez, exalcaldesa de Chacao, punteaba en las encuestas. Se convirtió en el *outsider* que la gente buscaba. Su popularidad rondaba el 70%. Recibió el apoyo del partido Copei, lo que hizo que su candidatura literalmente se derrumbara.

AD escogió a **Alfaro Ucero**, el más conspicuo representante del caudillismo adeco tradicional, en contra del cual la gente se rebelaba, y exponente del más rancio bipartidismo.

Otra opción que rompía con los partidos tradicionales fue la candidatura de **Henrique Salas Römer**, quien desplazó a los adecos de la gobernación de Carabobo y tuvo una gestión exitosa en ese estado. Fue apoyado luego por Copei y AD, cosa que no le favoreció demasiado.

¡No a las cúpulas podridas!

¡No a la oligarquía!

¡No al puntofijismo!

Y por último **Hugo Chávez**, que auspiciaba la abstención. Sus dos mentores: José Vicente Rangel y Luis Miquilena, lo convencieron de participar en la contienda. Su figuración en las encuestas estaba en torno a un 10%. Su discurso popular y agresivo comenzaba a hacerlo subir en las encuestas.

Al desplomarse las candidaturas de Irene Sáez y Salas Römer, muchos empresarios, dueños de medios e intelectuales le dan su apoyo político (¡y financiero!) a Hugo Chávez.

No tenemos intención de nacionalizar ninguna empresa privada.

Cuba es una dictadura, pero no la puedo condenar. Los pueblos deben darse sus propios gobiernos.

Yo no soy el diablo.

No voy a cerrar ningún medio de comunicación.

Acá no vendrá el socialismo.

Otros veían en el golpista un peligro para el país. Más aún luego de su reciente visita a Cuba. El Chávez candidato le bajó decibeles al discurso radical.

Con Chávez, los pobres y los excluidos sintieron que aspiraba al poder uno de los suyos. Por fin alguien se preocupaba por sus carencias y ofrecía respuestas a sus dolores y miserias.

También buena parte de la clase media le dio su apoyo. Querían que volviera cierto orden.

Chávez recibió, igualmente, apoyo de buena parte de los exponentes de esa vieja izquierda que luego demostró, en el poder, que no estaba tan curada del autoritarismo como parecía.

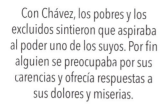

¡Aquí lo que hace falta es un Pérez Jiménez, carajo!

Ya no seremos más invisibles.

¡Con Chávez nunca caerá el Muro de Berlín!

En diciembre de 1998, con el 56,2% de los votos, Chávez se impone como presidente de Venezuela.

El pueblo, más que a un presidente, escogió a un "vengador" que cobrase todas las afrentas recibidas.

El presidente electo ofrece una tranquilizadora rueda de prensa en el Ateneo de Caracas. Allí promete reducir el número de ministerios, un Poder Judicial independiente, entregar su cargo a los cinco años, una vez culminado el mandato, y acabar con la pobreza.

No permitiré que en Venezuela haya un solo niño de la calle: si no, dejo de llamarme Hugo Chávez Frías.

La primera señal de alarma de lo que venía sucedió el 2 de febrero de 1999: Chávez se juramentaba rompiendo la tradicional fórmula de la juramentación presidencial.

¡Juro sobre esta moribunda Constitución...!

Su primer acto de gobierno fue convocar, vía referéndum consultivo, una **Asamblea Constituyente** para redactar una nueva Constitución. Esta figura no estaba contemplada en la carta magna vigente. Algunos se opusieron y argumentaron, pero es inútil tratar de hablar cuando todo el mundo grita. El plebiscito de 1999 resultó favorable a esta convocatoria.

Para elegir a los integrantes de la Asamblea, Chávez utilizó una fórmula -diseñada por expertos matemáticos y políticos- que se conoció entonces como el "kino" (por la lotería) o **las "llaves de Chávez"**. Era una suerte de ardid matemático que permitió al chavismo, con el 51% de los votos, obtener el 95% de la representación, logrando así aplastar a la oposición. Comenzó, pues, su mandato dando una clara muestra del proyecto hegemónico que se avecinaba.

Una vez elegida la Asamblea, se comenzó a redactar la nueva Constitución. Es sometida a votación el 15 de diciembre de 1999. Mientras el proceso de votación se desarrollaba, en el estado Vargas una terrible tragedia natural se encontraba en pleno desarrollo. A consecuencia de las lluvias, se produjeron inmensos deslaves de tierra que acabaron con la vida de miles de personas.

Chávez, informado de la gravedad de los hechos, afirmaba, emulando a Bolívar:

¡Si la naturaleza se opone, lucharemos contra ella y haremos que nos obedezca!

La naturaleza no obedeció, pero el pueblo sí: la nueva Constitución, a la que él llamó "la mejor del mundo", fue aprobada con un 71,78% de votos a favor.

Como consecuencia de la aprobación de la nueva Constitución, todos los Poderes Públicos deben ratificarse y se realizan las llamadas megaelecciones. Para presidente, compitiendo contra Chávez, se lanza su compañero de aventuras golpistas y exgobernador del Zulia **Francisco Arias Cárdenas**. Él no solo se había desmarcado de Chávez, sino que, por conocerlo de cerca, ofrecía una visión bastante crítica del presidente.

Chávez no quiere debatir conmigo.

Sí, es un golpista, pero un golpista inteligente. Él fue el "cerebro". El otro es bruto.

En las primeras de cambio, Chávez se uniformó -algo que su condición no le permitía- con el uniforme de gala que usaba Pérez Jiménez, a quien en algún momento había dicho admirar. Se avecinaba un régimen de corte militarista.

Su nueva Constitución reconoció el derecho del voto para los militares. Se eliminó su carácter "apolítico". Los ascensos militares de los altos oficiales, que en la Constitución de 1961 se encontraban en manos del Senado, pasaban ahora a las manos del presidente de la República.

Se crea el "Plan Bolívar 2000", que colocaba a los integrantes de la Fuerza Armada en labores de atención social a la población, desde distribución de alimentos hasta labores sanitarias.

¿Qué beneficios nos pueden traer estas cebollas y pimentones?

No te imaginas los guisos que se pueden hacer.

La discrecionalidad y la falta de supervisión propiciaron tanto la corrupción de esta iniciativa como la creación de "liderazgos" militares en comunidades que recibían ayudas directas. Esta política nunca pudo ser auditada por los civiles. La militarización de los programas sociales se ratificó con la creación del Fondo Único Social (FUS) en noviembre de 2001, fondo que también se colocó en manos militares, fundiendo en su seno otra cantidad de programas de ayuda y asistencia.

En esos primeros días del mes de abril flotaba en el ambiente que estaban dadas las condiciones para presionar la renuncia del presidente. El paro continuaba, la gente protestaba en las calles. El 11 de abril de 2002 se convoca a una multitudinaria manifestación en contra del gobierno. La marcha, que debía terminar en Chuao, continúa hacia el Palacio de Miraflores para exigir la renuncia de Chávez. Allí se encontraban los partidarios del presidente para impedir la llegada de la marcha opositora.

Al llegar al centro de la ciudad hay enfrentamientos; francotiradores disparan desde algunos edificios a la multitud. Pierden la vida 19 personas y cientos resultan heridas. Desde Puente Llaguno, partidarios del gobierno disparan al lugar por el que sube la marcha opositora. Más tarde dirán en tribunales que disparaban a la Policía Metropolitana, que "custodiaba la marcha en defensa propia".

El presidente encadena los medios y ordena la aplicación del Plan Ávila (para reprimir la protesta). Los canales de televisión, en clara desobediencia a la transmisión, dividen las pantallas para mostrar los violentos disturbios del centro de la capital. El presidente los saca del aire, pero los canales reanudan la transmisión por otras vías.

Ante la gravedad de los hechos, un grupo de altos oficiales se declara en desobediencia. Lanzan un mensaje por televisión (que luego se dijo que pudo estar previamente grabado y en el que ya se hablaba de víctimas). Al final de la noche, el inspector general del Ejército lee un comunicado:

Se le solicitó la renuncia al presidente, la cual aceptó.

El ministro de la Defensa, José Vicente Rangel, da su consejo...

No firmes, Hugo, para que sea un golpe de Estado.

¡Carmonazo!

Chávez es detenido. Va primero a Fuerte Tiuna. Lo esperan militares, empresarios y miembros del clero. Luego su paradero se desconoce. Al día siguiente (12 de abril), el presidente de Fedecámaras, el Dr. Carmona Estanga, se autojuramenta (a sí mismo) como presidente de la República, disolviendo todo lo que podía disolverse, desde la Asamblea hasta el azúcar en su café, pasando por el Tribunal Supremo, el Consejo Electoral y el resto de los poderes del Estado. Una torpeza sideral. Otro golpe.

Se derogan también las polémicas 49 leyes; se restituye el nombre de República de Venezuela, quitando la condición de "bolivariana" propuesta por Chávez.

Los principales dirigentes del chavismo se mantienen en la clandestinidad; otros son detenidos en medio de grupos de opositores que los rodean, golpean e insultan. La Embajada de Cuba es también rodeada por manifestantes opositores.

Por su parte, los sectores partidarios del gobierno, en el oeste de la ciudad, protestan en las calles: claman por el regreso de Chávez. La polarización de Venezuela es un hecho. Estas protestas no aparecen en la televisión. Los medios las silencian.

Los militares, ante el desconcierto -que también es general- deciden restituir al depuesto presidente Chávez, dadas la confusión y la precariedad jurídica del nuevo gobierno. **El general Isaías Baduel**, desde Maracay, coordina el retorno del presidente para restablecer el ordenamiento constitucional.

Desconocemos ese "Carmonazo"

El 14 de abril, Chávez es devuelto a Miraflores y Diosdado Cabello, quien se había juramentado como presidente provisional, le transfiere el mando. Chávez muestra un Cristo, llama a la concordia.

Sobre el 11 de abril de 2002 es mucho lo que se ha especulado. Para los partidarios de Chávez, fue un **golpe de Estado**. Para numerosos sectores de la oposición, particularmente los directamente involucrados en los hechos, se produjo un **"vacío de poder"** motivado por los asesinatos en el centro de Caracas y la subsiguiente renuncia del presidente bajo la presión militar. Sin duda, **se produjo una ruptura del hilo constitucional** (la hebra, más bien, como se ha dicho) y una situación confusa ante los anuncios de renuncia del presidente.

En todo caso, tampoco se siguió el procedimiento establecido en la Constitución para suplir su ausencia. Los crímenes en el centro de la ciudad se los atribuye simultáneamente un bando a otro. Los hechos -como suele suceder en Venezuela cuando no conviene- no han sido esclarecidos debida e imparcialmente.

Se estableció en el Congreso una suerte de juicio oral y público con la llamada "Comisión de la Verdad". Pero allí se impuso el criterio de la mayoría oficialista que controlaba la Asamblea. El Tribunal Supremo de Justicia, por su parte, en el juicio a los militares involucrados, determinó que hubo un "vacío de poder" al no saberse con certeza si el presidente había renunciado. Esta sentencia mereció un delicado comentario de Chávez:

A mediados del año 2002, un grupo de oficiales -algunos de los que habían estado alzados el 11 de abril- se declaran en rebeldía en la plaza Francia de Altamira, en el este de la capital. Encuentran gran respaldo en la sociedad civil, imbuida en la idea de que **solo los militares podían librarnos del militarismo.** Su objetivo era que otros militares activos se les unieran y forzaran la renuncia de Chávez, pero esto no ocurrió. El gobierno dejó fluir esta protesta sin reprimirla. Solo sirvió como catarsis para parte de la oposición.

¡Y va a caeer! ¡Y va a caeer! Este gobierno va a caeerrrr...

No. Ahora es indefinido. Hasta que Chávez caiga.

¿No y que era un paro de 24 horas?

A estas acciones se sumó el llamado "paro petrolero" o "paro cívico nacional". Convocado por Fedecámaras, organizaciones sindicales y gerentes de PDVSA. Comenzó el 2 diciembre, en plena temporada comercial navideña. El país quedó prácticamente paralizado. Solo continuaron trabajando algunas empresas del Estado, el transporte público terrestre y aéreo, los servicios de agua, luz y teléfono.

Los medios de comunicación privados decidieron suspender su programación y emisión de publicidad, sustituyéndola por programación política que apoyaba la continuación del paro. Transmitían las protestas y marchas en el país, aupadas por la **Coordinadora Democrática**, organización que aglutinaba a los partidos de oposición. La polarización en Venezuela se acrecentaba.

Ni un paso atrás

EL IMPARCIAL ¡FUERA!

Al sumarse los trabajadores de la industria petrolera, el paro se intensifica.

Todos los barcos que realizan las labores de entrega de crudo se paralizan. **Esto afectó de manera considerable el suministro de combustible en el país.** Largas colas para echar gasolina, falta de productos de primera necesidad, comercios con grandes pérdidas. Era un todo o nada.

Este diciembre hice mi agosto. ¡Uh, ah, Chávez no se va!

Para el gobierno era inaceptable, porque ponía en juego su propia existencia. Decidió resistir al precio que fuera. Un gobierno con excedente de recursos siempre encuentra la manera de comprar lo que necesita y a quien necesita. Poco a poco fue recuperando el control de PDVSA. Con ayuda de empresarios navieros -como Wilmer Ruperti-, se reanudaron las actividades marítimas; luego se retomaron los barcos que se habían sumado al paro.

El paro terminó diluyéndose sin lograr su único objetivo: la renuncia del presidente. Esto redundó en que Chávez aumentara su control sobre el país. La oposición generó siempre expectativas muy altas: que el fin del régimen era inminente. Este es el sentido que tendrían siempre las acciones frente a Chávez, lo que incrementaba el nivel de frustración de los opositores al comprobar la inutilidad de sus acciones. Hubo marchas, protestas e incluso un paro de 63 días que al final terminó siendo suicida. Por otro lado, un paro de tan larga duración había agotado a la sociedad civil, a los empresarios y comerciantes, cuya situación económica se hacía agobiante. El hecho de que buena parte del país, simpatizante del chavismo, se mantuviese al margen del paro contribuyó a restarle fuerza.

¡Aquí no hacen falta!

PDVSA sería depurada de opositores cuando se despidió a unos 19 000 trabajadores, casi la mitad de su nómina. Sus derechos laborales fueron negados. La gran mayoría emigró a otros países para poder trabajar. Miles de horas hombre en capacitación y experiencia en la industria petrolera ahora eran aplicadas en el extranjero. Tras este éxodo, la producción de petróleo venezolano cayó drásticamente.

En el año 2003, mediante el decreto de control cambiario, se crea **Cadivi (Comisión de Administración de Divisas)**, organismo encargado del otorgamiento de **dólares preferenciales** para las importaciones. Si en Venezuela el control cambiario había abonado siempre la corrupción, frente a Cadivi, la corrupción del pasado quedaría como un inocente juego de niños. Una de las cifras más conservadoras del robo realizado a través de Cadivi las da Jorge Giordani, exministro de Chávez. Según él, fueron (millón más, millón menos) alrededor de $ 25 000 000 000 (se lee veinticinco mil millones de dólares).

¿Quién es tu papá?

"Yo raspo cupo."

"Yo raspo olla."

Junto a lo robado está lo dilapidado por el estímulo que producía el diferencial cambiario entre el dólar oficial y el del mercado negro. Se otorgaban cupos en dólares subsidiados para viajes. Venezuela se convirtió en el único país del mundo en el cual viajar era un excelente negocio. Algunos se hicieron millonarios financiando viajes a cambio de una parte del cupo, que luego vendían en el mercado negro. En materia de subsidios verdes, no había distinción de clases.

La Constitución de 1999 establecía la posibilidad de un referéndum revocatorio al presidente a la mitad de su mandato. Se necesitaba el 20% de firmas de los electores de cada circunscripción. La oposición realiza entonces **"el Firmazo"**.

Superada esta nueva frustración, viene entonces una nueva jornada de recolección: **"el Reafirmazo"**. Esta vez se recogieron 3,6 millones de firmas.

Vino entonces un nuevo proceso: **"el Reparo"** de las firmas que el CNE había considerado inválidas. En esos tiempos dijo Chávez en un *Aló, presidente,* su programa maratónico dominical:

"Aquí tiene: ¡3 500 000 firmas!"

"Están a destiempo. El presidente no ha cumplido la mitad de su mandato."

"Hay más de 1 000 000 de firmas inválidas. Deben repararlas."

"Los que firmen contra Chávez estarán firmando contra la patria y quedarán registrados su nombre, su apellido, su firma, su número de cédula y su huella digital."

Esta intimidación se hizo realidad con la "lista Tascón". El diputado Luis Tascón publicó en su web la lista de los firmantes para la solicitud del referéndum. Esta lista fue una de las formas más crueles de *apartheid* que ha conocido Venezuela en toda su historia. Las personas que allí aparecían eran botadas de sus trabajos en la Administración Pública y no se les contrataba si buscaban empleo. La discriminación incluía a las empresas cuyos dueños habían firmado. Esta infame lista Tascón demostraba que, para permanecer en el poder, Chávez no estaba dispuesto a obedecer límites de ningún tipo.

Al final, luego de un tortuoso y largo recorrido (de casi un año), se logró la admisión de la solicitud de referéndum revocatorio para el presidente, en el que la oposición cifraba todas sus esperanzas. Chávez, aconsejado por su mentor, aprovechó este tiempo para crear las denominadas "misiones bolivarianas", una serie de programas sociales que abarcaban un conjunto de áreas consideradas críticas en los sectores más humildes de la población: programas de alfabetización, consultas médicas gratuitas y acceso a créditos subvencionados para la adquisición de viviendas, alimentos a precios subsidiados, etc. Estas misiones tuvieron un hondo impacto en la población, que sintió que mejoraron sus condiciones de vida, que recibía parte de la bonanza petrolera que comenzaba. Todas las encuestas auguraban un triunfo de Chávez en el referéndum.

El 15 de agosto de 2004 se realizó el referéndum. Francisco Carrasquero, presidente del ente comicial, da los resultados a la pregunta.

"¿Está usted de acuerdo con dejar sin efecto el mandato de Hugo Rafael Chávez Frías como presidente de la República Bolivariana de Venezuela".

No 60%

Sí 40%

¡Fraude!

¡Recabaremos pruebas para comprobar ante Venezuela y el mundo entero esta gigantesca estafa que se le ha hecho a la voluntad popular!

Estos resultados fueron un nuevo balde de agua fría sobre la golpeada oposición venezolana. Sus voceros cantaron fraude sin ofrecer pruebas contundentes. El verdadero fraude no fue el día de la votación.

Fue antes. Este revocatorio estuvo precedido por el más descarado abuso gubernamental, encadenando los medios audiovisuales y radioeléctricos y repartiendo dinero a manos llenas. El foco no estaba donde debía.

¡Si es así, no voto más!

Para ese tiempo, se hace famoso **Danilo Anderson,** un joven abogado que se había desempeñado como fiscal tributario y que tenía a su cargo las investigaciones relacionadas con el golpe de Estado de 2002. Tenía expedientes abiertos contra más de 400 personas.

Van a caer muchos peces gordos.

En noviembre de 2004, tras un atentado, es asesinado. Las investigaciones determinaron los supuestos autores materiales, pero muchas interrogantes surgieron, a raíz de las contradicciones del entonces fiscal, Isaías Rodríguez, sobre los autores intelectuales, de los que la hermana del asesinado fiscal llegó a decir que estaban entre los que cargaron la urna (busque, lector, las fotos en internet y saque sus propias conclusiones). Se dijo también en ese momento que las motivaciones del crimen estarían en una red de extorsión coordinada por Anderson que apuntaba a banqueros y figuras opositoras.

En buena parte de la oposición aumenta el escepticismo y la desconfianza en el Consejo Nacional Electoral. Chávez, en su control institucional, también había logrado colocar a sus incondicionales al frente del organismo. Si antes de Chávez hubo múltiples fallas de equidad en las elecciones, con Chávez la inequidad se hizo sistemática. Sin embargo, Chávez continuaba ganando las elecciones sin necesitar del fraude; le bastaba una forma de fraude más sutil: el grosero ventajismo en las campañas previas a las elecciones.

Ya el árbitro puso las reglas. No te pongas cómico y respétalas.

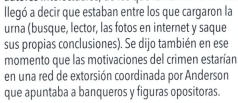

En diciembre 2004 se realizan las elecciones para gobernadores y alcaldes. La abstención fue monumental. Los resultados favorecieron a los partidos chavistas: veintidós (22) de los veinticuatro (24) estados quedaron en manos de gobernadores del partido MVR. Así mismo, el chavismo se hizo con el 90% de las alcaldías.

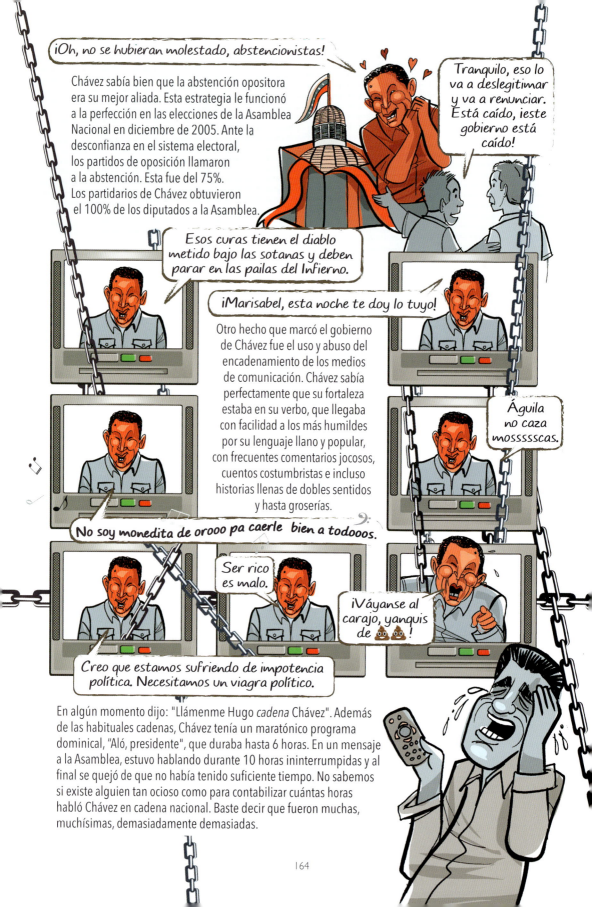

En el año 2006 se produce un hecho inesperado: Fidel Castro renuncia prematuramente a la presidencia de Cuba, dejando en el poder a su hermanito menor, de 75 años, Raúl Castro. Este hecho debe estar reseñado en una historieta de Venezuela, porque, durante el chavismo, Fidel fue la principal influencia ideológica e inspiracional de Chávez.

Desde aquel lejano recibimiento en La Habana comenzó una relación que, más que fraternal, fue filial para Chávez, con quien Castro logró llevar a cabo una larga y vieja obsesión: el control político de Venezuela y el aprovechamiento, para beneficio de Cuba, de su inmensa riqueza petrolera.

En 2006 venían las elecciones presidenciales.

Buena parte de la oposición estaba renuente a votar, por desconfianza en el ente electoral. Coincidía esta etapa con la subida sostenida de los precios del petróleo (iba por $60 el barril). El gasto público desbordado y el endeudamiento hacían ver una bonanza ficticia. Todo indicaba que Chávez repetiría su presidencia sin problemas.

Dale, que tú puedes.

¿Y si me matan y me muero?

Los candidatos opositores con más aceptación en las encuestas eran Manuel Rosales, exgobernador del Zulia; Julio Borges, dirigente del partido opositor Primero Justicia; y Teodoro Petkoff, exguerrillero y, para ese entonces, editor del diario *TalCual*. Los tres hicieron un pacto para apoyar al que estuviera punteando en las encuestas. Manuel Rosales fue el ganador.

Fue en esas elecciones cuando tuvo trascendencia el famoso discurso de **Rafael Ramírez, gerente de PDVSA**.

Fue una prueba clara de la politización de las empresas del Estado, de la exclusión e intolerancia política que caracterizó al chavismo. Con Ramírez, una tradición de eficiencia y profesionalismo en el manejo del petróleo entra en declive hasta llegar a la casi total destrucción de la empresa (donde a la incompetencia se le suma la brutal corrupción). Menester es recordar que alguna vez PDVSA fue considerada **la segunda empresa mundial de petróleo,** la mayor empresa industrial de Latinoamérica y la número 12 entre las 500 del mundo.

Eso era antes. ¡PDVSA ahora es "roja, rojita"!

¡PATRIA, SOCIALISMO y MUERTE!

Un día, mi general Pérez Arcay
me dijo: "Analizo tus discursos.
Estás hablando mucho de la muerte.
Abyssus abyssum invocat".
Me lanzó un latinazo:
"El abismo llama al abismo"...
Cristo, no me lleves todavía.
HUGO CHÁVEZ

(Sin comentarios).

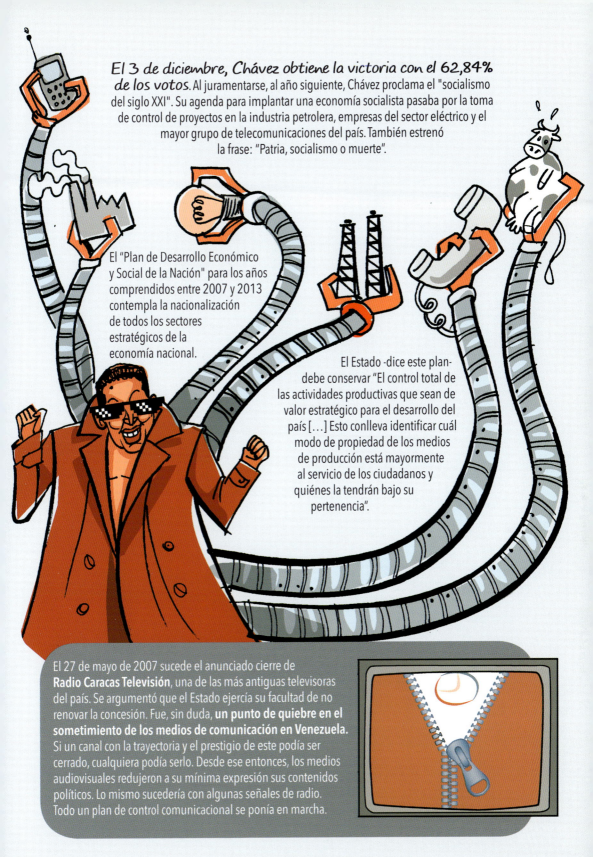

Un nuevo y fresco factor político emerge: **el movimiento estudiantil.** Entran en escena con motivo de las protestas ante el cierre de RCTV y, desde entonces, su presencia se hace sentir con fuerza. Inicialmente, Chávez los acusó de "hijitos de papá" (intento de descalificación porque muchos provenían de universidades privadas), pero luego arremetió en su contra con fuerza represiva, con lo que él llamó "gas del bueno" (claro, porque era el suyo). Desde entonces, sus dirigentes han sido asesinados, perseguidos, torturados, encarcelados y algunos obligados a asilarse.

Confiado en su popularidad y en su chequera ilimitada, Chávez introduce en 2007 un proyecto de reforma constitucional para modificar la que él había denominado "la mejor Constitución del mundo". El cambio implicaba darle al sistema político la connotación de **socialista** y de paso -como para no perder la oportunidad- ampliar el período constitucional e incluir la posibilidad de **reelección continua** del presidente. En esta oportunidad los electores negaron la reforma. Chávez reconoció su derrota con su habitual delicadeza.

El rey de España no era el único que confrontaba a Chávez. En Colombia, Álvaro Uribe Vélez tuvo sus encontronazos con el presidente venezolano. En la etapa de Uribe, las relaciones con Colombia fueron difíciles y tensas. Uribe combatía las guerrillas de las FARC, con las que Chávez mantenía

excelentes relaciones. Muchas veces desde Colombia se acusó a Chávez de darles albergue y de patrocinar su lucha armada. También se ha dicho que, de los frecuentes contactos entre la narcoguerrilla y sectores de nuestro Ejército, surgieron algunos negocios conjuntos.

Esto cambió al llegar a la presidencia Juan Manuel Santos. Antiguo ministro de Defensa de Uribe, se creía que iba a continuar la política de su antecesor, pero dio un salto de talanquera olímpico y suavizó las relaciones con Venezuela.

Chávez es mi nuevo mejor amigo.

¡Pelo tenemos patlia!

En materia de política internacional, mientras Venezuela se aleja de los EE.UU., a quienes Chávez considera el enemigo, el demonio, el imperio, etc. (eso sí, sin dejar de venderles petróleo), **Venezuela se acerca cada vez más a otros bloques de poder, como China** (a quien comenzamos a venderle petróleo a futuro, casi hasta el fin del futuro); Rusia, con frecuentes reuniones con Putin, con quien se firmaron acuerdos; Irán, país con el que se inauguró un vuelo directo Caracas-Teherán que siempre estuvo envuelto en las turbulencias del misterio.

Chávez devaluó a Bolívar no solo en su moneda; también lo hizo con su espada. Regaló réplicas a diestras y a siniestros.

Una se la llevó el ruso **Mijaíl Kaláshnikov**, creador del fusil **AK-103**, el arma de fuego más utilizada del mundo. También se la llevaron líderes mundiales impresentables: Robert Mugabe (Zimbabue), Raúl Castro (Cuba), Muamar Gadafi (Libia), Daniel Ortega (Nicaragua). Para tranquilidad del país, no hay testimonio de que la espada haya sido usada por los aludidos en sus múltiples agresiones en contra de sus respectivos pueblos.

Las de Bolívar se me terminaron, así que te doy esta de "Je Man" que tiene el poder de "Greiscol".

 Con Chávez retornó el viejo fantasma de los **presos políticos** que tantas veces agobió a Venezuela. En 2004, ordenó detener al militar **Humberto Quintero** por traición a la patria. El oficial, cumpliendo su deber, había capturado a Rodrigo Granda, guerrillero de las FARC. Se habló entonces de tortura al militar. A **Ivan Simonovis, Henry Vivas y Lázaro Forero**, comisarios de la Policía Metropolitana, se los convierte en chivos expiatorios de las muertes de los sucesos del 11 de abril, sin investigación imparcial y con juicios amañados en violación de sus garantías judiciales.

A la **jueza Afiuni**, por una decisión tomada en uso de sus atribuciones de juez, fue condenada directamente por Chávez, exigiendo para ella 30 años de prisión. Fue inmediatamente detenida sin orden judicial. El ensañamiento con ella fue extremo: fue violada en la cárcel, recibiendo torturas y diversas formas de agresión, como su reclusión con presas que habían sido condenadas por ella, para someterla a sus agresiones.

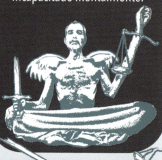 Notable también es el caso del productor agropecuario **Franklin Brito,** cuyas tierras fueron expropiadas, lo que motivó que iniciara una huelga de hambre exigiendo su devolución. Se le recluyó en el Hospital Militar, convertido en prisión para él y donde literalmente se le dejó morir. La entonces fiscal, Luisa Ortega Díaz, justificó la privación de libertad y lo declaró incapacitado mentalmente.

> Mariano Picón Salas dijo alguna vez que, durante los tiempos de Gómez, buena parte de la sociedad caraqueña se había instalado en el "vivamos, callemos y aprovechemos". No fue diferente en el chavismo. Nuevas castas multimillonarias crecían a su sombra.

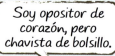

Militares. Tenían a su cargo la importación y distribución de alimentos. Tenían acceso privilegiado a divisas preferenciales.

Boliburgueses. Surgidos al amparo de contactos oficiales, hicieron negocios en tiempo récord gracias a las facilidades que se derivaban de sus altas conexiones políticas.

Bolichicos. Eran jóvenes quienes, hacia sus 35 años, ya se habían hecho multimillonarios con negocios turbios realizados con el gobierno de Chávez. Muchos eran hijos de familias de reconocido linaje. Aquí no había ideología política que valiera.

No puede hablarse del período de Chávez sin tocar el tema de la bonanza petrolera bajo la cual se produjo su mandato. Entre 1999 y 2014 le ingresaron al país **$ 960 589 000 000**. Esto es casi **un billón de dólares**. Para tener una idea de este realero: en relación con el gobierno anterior, los ingresos de Chávez se incrementaron en promedio anual en un 371,29%. Adicionalmente, su gobierno fue el período de mayor endeudamiento. Según los que saben de esto, se triplicó la deuda externa.

¿A dónde se fueron esos reales? Según Jorge Giordani otra vez -buen conocedor de las interioridades de un sistema del cual él fue artífice- una tercera parte de los ingresos fueron "malversados" (esto fue señalado por él en el 2016, es decir, luego de consumados los hechos). Otra parte de los ingresos se fueron bajo la forma de petróleo subsidiado a otros países, especialmente a Cuba. Cerca de la mitad de los ingresos se dedicó a importaciones, en las cuales también hubo variadas formas de corrupción, desde sobreprecio, falsas importaciones, hasta importación de productos alimenticios que se pudrieron sin ser distribuidos.

En 2008 hubo elecciones para alcaldes y gobernadores. El opositor **Leopoldo López** era favorito en las encuestas para la Alcaldía Metropolitana. Su prestigio como líder era sin duda una amenaza para la hegemonía chavista. El contralor de la época, Clodosvaldo Rufián, ¡perdón!, Russián, lo inhabilita por supuestas irregularidades encontradas en su gestión. Las inhabilitaciones se convirtieron en un recurso adicional en tiempos electorales para dejar fuera de juego a candidatos con elevadas posibilidades de triunfo.

¡Ustedes saben que si no gano, arrebato!

Se crea la Mesa de la Unidad Democrática (MUD), un ente para aglutinar a todos los partidos políticos opositores a Chávez. La oposición salió a votar. De solo 2 gobernaciones que tenía, paso a ganar 5. En la capital, el opositor Antonio Ledezma da el batacazo y gana la Alcaldía Mayor, pero, mediante una jugarreta, la Asamblea Nacional le quita todos los recursos.

En el 2009, Chávez vuelve a convocar un referéndum **para una enmienda a la Constitución** que ampliara la duración del período de mandato, esta vez no solo del presidente, sino de todos los cargos de elección. Se dio cuenta de que, si quería el apoyo firme de su partido, el privilegio tenía que ser para todos. Se dijo que el referéndum era ilegal, porque era una consulta sobre un tema ya rechazado en el referéndum anterior. Pero en Venezuela una nueva legalidad imperaba. Chávez ganó esta vez.

¡Reelección hasta el infinito y más allá!

¡Este país se fue a la enmienda!

Todo está chévere en Caracas.

Venezuela comienza a sufrir una prolongada sequía que ocasionó que el agua en el embalse de la Central Hidroeléctrica del Guri alcanzara niveles muy bajos. Esto, unido a la falta de inversión durante años en las centrales hidroeléctricas del país, comenzó a generar una crisis eléctrica y por primera vez los venezolanos experimentaban los racionamientos de luz. El gobierno tuvo cuidado de no tomar esas medidas en Caracas, pero ya el interior del país se había acostumbrado a no ver luz.

"Aiguana bi yor frend!"

Con la llegada de Barak Obama a la Presidencia de Estados Unidos, la perspectiva de colocar al imperio como el monstruo agresor se devalúa un poco. Obama es el primer presidente de color que representa esa capacidad norteamericana de superar los traumas de su propia historia. Atacar a Obama no era tan fácil como atacar a Bush. En 2009, en la Cumbre de las Américas, se vieron cara a cara. Chávez le regaló el libro *Las venas abiertas de América Latina* del uruguayo Eduardo Galeano. A partir de ese momento, la estrategia de EE.UU. hacia Chávez fue la de no confrontarlo. No lo consideraban una "amenaza real".

En este período se acentúa el proceso de expropiaciones que se venía dando desde el año 2002. Desde viviendas particulares, empresas transnacionales, fincas y cualquier otra cosa hasta un edificio tradicional de joyerías del centro de Caracas conocido como "La Francia". Nada escapaba a su garra expropiadora. Para algunas empresas, la expropiación constituyó una suerte de negocio concertado con el gobierno, en el que obtuvieron por sus activos mucho más de lo que efectivamente valían. Sin embargo, en la mayoría de los casos el gobierno expropió sin realizar las indemnizaciones correspondientes. Esto motivó diversas demandas internacionales que el gobierno -naturalmente- perdía y que lo obligaban a indemnizar.

¡Exprópiese!

Con respecto a las empresas nacionales, en el país, no había posibilidad de lograr con éxito ninguna protección judicial, por lo cual muchas empresas quedaron simplemente expropiadas sin lograr compensación. Estas expropiaciones, realizadas en nombre del bienestar de los consumidores o en el interés nacional, lo que consiguieron fue acabar con negocios exitosos. En aquellos tiempos comenzó a decirse que Chávez era una suerte de rey Midas al revés. Todo lo que tocaba lo convertía en… en… en fin.

Una de las críticas que Chávez hacía a la llamada Cuarta República era el déficit en la construcción de viviendas. También afirmó que con su llegada al poder esto había cambiado. Veamos las cifras:

"Los ojos del gran hermano te vigilan."

Último gobierno de Caldera	Chávez construye de 1999-2010
341 666	593 192
(según cifras de Chávez, quizá un poco disminuidas).	(según cifras de Chávez quizá un poco abultadas).

Si tomamos en cuenta que el período de Chávez aludido equivale a dos períodos constitucionales, aun hay un déficit de 45 070 viviendas en relación con el período inmediatamente anterior.

La **inseguridad ciudadana** va en creciente aumento; los homicidios, robos y secuestros exprés se vuelven cotidianos. Una política coherente en materia de seguridad no fue un tema prioritario para el gobierno. Celebridades, chavistas, opositores, pobres, ricos, clase media... nadie se salva.

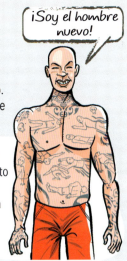

¡Soy el hombre nuevo!

Muchos de estos crímenes son planificados desde las cárceles. Con el socialismo del siglo XXI nace la figura del **Pran (Preso Rematado Asesino Nato)**, que controla tanto la cárcel donde está recluido como una determinada zona del país. Tiene más poder que el mismo director del penal y que el ministro encargado de turno. Si en la etapa democrática las armas eran los chuzos y las pistolas, en el chavismo las armas de fuego de alto calibre pasaban de mano en mano con total impunidad.

Contra los opositores

Contra los pranes

En el 2011 se desata una de las crisis carcelarias más graves en la historia del país. Durante casi un mes los reclusos mantuvieron el control del penal El Rodeo. El resultado fue una masacre que dejó 23 fallecidos y 70 heridos, según cifras del Ministerio Público (MP). A raíz de estos hechos se crea el **Ministerio de Servicios Penitenciarios**, a cargo de **Iris Varela**, experta en pranato.

Ante tantos homicidios, la única muerte que se investigó fue la de Simón Bolívar. Chávez sabía cómo desviar la atención de los problemas reales. Ordenó la exhumación de los restos del Libertador en el Panteón Nacional. Su objetivo: determinar si eran efectivamente sus restos y si había sido asesinado por envenenamiento, contraviniendo la tesis oficial de muerte por tuberculosis.

¡Perdón, pensaba que era un espejo!

Se parece igualito.

Chávez afirmó que, al verlos, había tenido la certeza de que era él, sin esperar el dictamen de los científicos. Esta exhumación sirvió para realizar una reconstrucción computarizada del rostro de Bolívar, que sería parte de la nueva iconografía del héroe, sustituyendo los cuadros tradicionales, incluido el que Bolívar mismo había calificado como "su mejor retrato".

Este nuevo retrato de Bolívar se une así al cambio de nuestros símbolos patrios:

El escudo nacional — ¡El caballo mirando a la izquierda!

La bandera — Debe llevar una octava estrella. Así lo quería Bolívar.

El nombre del país — REPÚBLICA **Bolivariana** DE VENEZUELA

Chávez tenía la clara intención de reescribir la historia con su propia iconografía revolucionaria.

A Chávez, como dijo Maquiavelo de César Borgia, si todas sus hábiles acciones no le dieron el resultado esperado de eternizarse en el poder, no fue por culpa suya, sino por lo que el florentino llamó: "el extremado y extraordinario rigor de la suerte". **En 2011, Chávez anunció desde Cuba que padecía cáncer** y que se estaba tratando en la isla caribeña. Esta enfermedad tuvo un largo desarrollo, marcado siempre por la desinformacion, lo que permitió tejer todo tipo de rumores.

En octubre de 2012 se realizan las elecciones presidenciales. Esta vez Chávez compite para su tercera reelección contra el candidato de la MUD (unidad opositora), **Henrique Capriles Radonski**, quien fue elegido en primarias de la oposición. El chavismo realiza su campaña -como de costumbre- con un uso ventajista de los medios, con control partidista del Consejo Electoral, usando recursos del Estado y con una agresiva campaña de insultos en contra del candidato opositor.

El cierre de campaña de Chávez en la avenida Bolívar de Caracas bajo una intensa lluvia fue la apoteosis final de su carrera política. Gana las elecciones con un 55,01% de los votos sobre 44,31% de Capriles. Buena parte de la oposición comienza a sentir que Chávez es invencible.

¡MAJUNCHE, FASCISTA!

No podrá asumir el mando en enero del año 2013, como estaba establecido. Una recaída lo obliga a viajar nuevamente a Cuba. Antes de irse, el 8 de diciembre de 2012, en un dramático mensaje de despedida, Chávez designa por el sistema digital (usando el dedo), como sucesor, a **Nicolás Maduro Moros**, su canciller y hombre de confianza, para que sea electo en unas eventuales nuevas elecciones.

La DICTADURA

Chávez era el muro
de contención de esas ideas
locas que se nos ocurren.
Diosdado Cabello

(... y sobrevino el derrumbe).

¡Ya la etapa fuerte pasó!

Tras el fallecimiento de Hugo Chávez, gran parte del país pensaba que lo peor había quedado atrás.

¿POR QUÉ MADURO? Maduro era una de las pocas personas de su entorno en las que Chávez y los hermanos Castro confiaban plenamente. En Cuba, se había preparado en la escuela de cuadros Ñico López en 1986. Era una persona formada en la militancia de izquierda, primero con Ruptura, luego con la Liga Socialista. De vuelta de Cuba, había ingresado como conductor de Metrobús en la compañía Metro de Caracas, donde se había convertido en dirigente sindical.

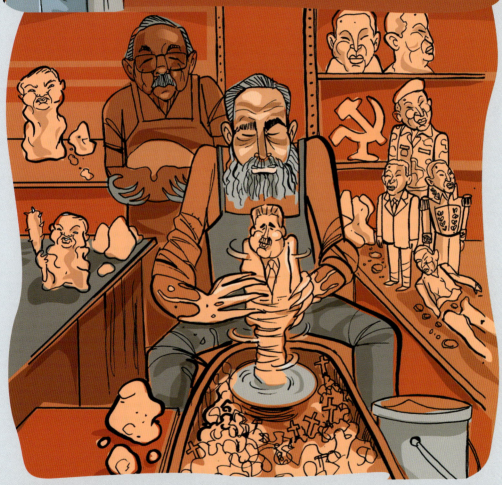

Maduro se había unido al movimiento de Chávez desde que este estaba en la cárcel. Ya con Chávez en libertad, permanecerá inseparable a su lado durante la campaña, como hombre de confianza y escolta. Al ser electo presidente, se convierte, sucesivamente, en diputado de la Asamblea Constituyente y luego de la Asamblea Nacional, de la que llega a ser presidente. Más tarde, ingresa al gabinete de Chávez, primero como canciller y luego como vicepresidente ejecutivo. En esta última actividad política, le corresponde encargarse del poder en los últimos momentos de la enfermedad de Chávez; luego, a su muerte, como presidente encargado.

Siendo Maduro vicepresidente, se presentó la duda de si podía ser candidato presidencial para la nueva elección, conforme a la Constitución, asunto que resolvió el Tribunal Supremo de Justicia:

Aceptada su candidatura, se enfrenta a Henrique Capriles, quien nuevamente es el candidato unitario de la oposición. Se inicia la campaña electoral más corta en la historia de Venezuela (10 días de duración).

Aquí se batieron todos los récords de ventajismo electoral por parte del gobierno (uso desmedido de los medios de comunicación del Estado, cadenas oficiales como medio propagandístico, gasto público desbordado) ante la ceguera del ente electoral. Con todo y eso, Maduro dilapidó el capital político heredado de Chávez. Sus incoherencias fueron célebres. Entre otras perlas, dijo que Hugo Chávez se le había aparecido en forma de pajarito chiquitico.

¡Pasen la arrechera tocando cacerolas y poniendo salsa!

Nicolás Maduro resulta victorioso con una mínima ventaja (50,61%). Una diferencia tan pequeña en condiciones de tanta parcialización hizo pensar a muchos que se había realizado un fraude. La oposición denunció 3500 irregularidades durante el proceso. Un número importante de opositores esperaban que Capriles convocara a la protesta en las calles, pero optó por desconocer los resultados y pedir recuento de votos, algo que Maduro acepta en principio y que luego es negado por el organismo electoral, que no ve necesidad alguna (de correr riesgos).

Este gobierno, a diferencia de los de Chávez, **es un "gobierno colegiado"**. Maduro comparte el poder principalmente con **Diosdado Cabello**, hombre fuerte del chavismo, participante del golpe del 4 de febrero y de gran ascendencia en el mundo militar; y con su esposa, **Cilia Flores**, la "primera combatiente".

Los tiempos son diferentes.

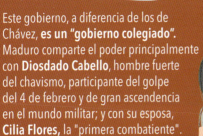

El precio del petróleo se encuentra a la baja y también la producción petrolera, como consecuencia del deterioro en la industria y de los malos manejos operativos y financieros. Muchas de las empresas expropiadas no producen o producen poco. El sector productivo privado está en crisis. La disminución de la entrada de divisas hace que haya menos dólares para importar y, por tanto, menos materia prima, por lo cual comienzan la escasez y las colas en los supermercados.

Las regulaciones de precios y la escasez hacen que surja la reventa de alimentos (el llamado "bachaqueo"). Conseguir productos de primera necesidad comenzó a ser una proeza.

Pero si yo solo pedí aspirina.

También las medicinas desaparecen de las farmacias; algunos laboratorios cierran por no poder producir a pérdida. Cuando los productos cuestan por debajo de su valor, el consumidor está dispuesto a comprar más de lo que necesita, pero el productor querrá producir solo lo indispensable para su supervivencia, de donde vienen la escasez y el mercado negro. Venezuela tiene nuevo *trending topic diario:* #NoHay

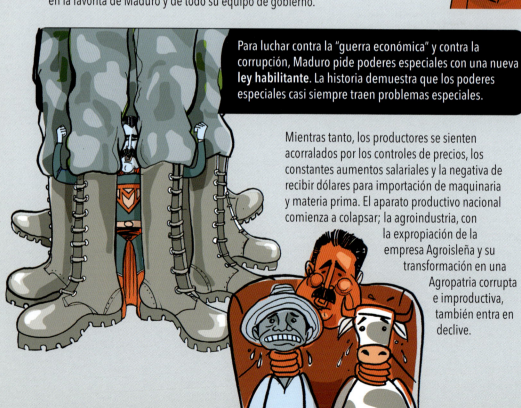

Tras el cierre de RCTV en 2007, Andrés Izarra, para ese entonces ministro de Información de Chávez, plantea la necesidad de la "hegemonía comunicacional revolucionaria". 6 años después, con el gobierno de Nicolás Maduro, esta se consolida con métodos más "sutiles". El canal Globovisión, principal crítico del chavismo, es comprado por nuevos "empresarios". El canal sufre cambios en la programación debido a las renuncias y despidos de varios periodistas y anclas del canal. La otrora Globovisión combativa pasa a ser un canal insípido y desangelado bajo una supuesta "imparcialidad".

¡Tráiganme un periódico de verdad, no este pasquín!

Caso similar pasó con la Cadena Capriles, conglomerado venezolano de periódicos, revistas y portales informativos. Su buque insignia era el diario *Últimas Noticias*, el periódico más leído en el país, con alta incidencia en los sectores populares. La compra fue hecha por una compañía inscrita en Curazao con apenas meses de creada. La censura y los despidos vinieron casi de inmediato. Su periódico estrella se convirtió en un triste panfleto propagandístico del gobierno.

El problema es que somos minoría.

Otro caso emblemático fue la venta del diario *El Universal*, uno de los más antiguos del país. Fue comprado por una empresa residenciada en Madrid, España, fundada apenas un año antes. Igual destino tuvieron muchos de sus periodistas y articulistas: censura, despidos y renuncias. En los últimos 5 años, al menos 25 medios cambiaron de dueños y de línea editorial. Toca entonces al periodismo crítico refugiarse en las redes sociales y en internet.

Previo a las elecciones de alcaldes y concejales, Maduro toma su primera medida populista de gran envergadura: obliga a las tiendas de electrodomésticos, principalmente Daka, a vender productos a precios mucho más bajos.

El anuncio de la reducción en los precios provocó el saqueo "espontáneo" de tiendas y almacenes en varias ciudades de Venezuela. Se le conoció popularmente como el **Dakazo**. Esta iniciativa hizo que el gobierno ganara gran parte de las alcaldías.

¡Así, así, así es que se gobierna!

El control de cambio continúa y la diferencia entre el valor del dólar oficial y el del mercado negro es tan abrumadora que es fácil hacerse millonario con el negocio cambiario, con falsas importaciones a dólar preferencial, con sobreprecios, etc. Cuando llegó **Chávez al poder, un dólar valía Bs. 500. Con Maduro, pasó la barrera de los Bs. 10 000 000.** Para el momento en que usted lea este libro, ya habrá pasado la galaxia de un millardo de millardos de bolívares por dólar.

En 2014, un hecho conmociona a la opinión pública: **el asesinato de la actriz y ex miss Venezuela Mónica Spear** y de su esposo, en presencia de su hija pequeña. El atraco fue ejecutado por hampones que colocaban piedras en la carretera a la espera de que se accidentara cualquier vehículo para luego asaltar a sus ocupantes. Esta modalidad la venían realizando desde hacía tiempo sin que fueran detenidos. Al ser la víctima conocida, las autoridades, esta vez sí, los atraparon y enjuiciaron en tiempo récord. El tema de la inseguridad era una prioridad solo cuando las víctimas tenían relevancia.

A estas alturas hemos roto varios récords Guinnes:

CERTIFICADO

1. Caracas es la ciudad más insegura del mundo.
2. Venezuela es el país más corrupto de América Latina y el noveno del mundo.
3. Tenemos el índice más alto de miseria (estudio del economista Steve Hanke).
4. Venezuela ocupa el primer lugar en desigualdad social en América según un estudio de la UCAB.
5. Somos el país con más casos de Chikungunya confirmados de Sudamérica.
6. En 2014, nos ubicamos como el peor país latinoamericano para crear una empresa según los datos del Banco Mundial.
7. Somos el principal exportador de cocaína hacia Europa y los Estados Unidos.

Consecuencia de la sostenida incapacidad administrativa del régimen fue el creciente colapso en todos los servicios. En el caso del transporte aéreo, las aerolíneas internacionales comenzaron a abandonar el país como consecuencia -entre otras razones- de los impagos de deudas contraídas por el gobierno en función el control cambiario existente.

En el caso de las líneas aéreas nacionales: las regulaciones extremas en los precios de los pasajes y la carencia de dólares para la importación de repuestos y compra de aeronaves también incidieron en la reducción de vuelos, desincorporación de aeronaves, cancelación de rutas e incluso cese de operaciones de aerolíneas emblemáticas.

Abróchense los cinturones, que ya vamos a despegar.

Este clima de deterioro encendió de nuevo las protestas estudiantiles de febrero de 2014. Comenzaron en Mérida y San Cristóbal. En Caracas, una parte de la dirigencia opositora, conformada por **Leopoldo López, María Corina Machado y Antonio Ledezma**, planifica **"la Salida"**, cuyo propósito era forzar la renuncia de Maduro con protestas de calle. Nuevamente se genera la expectativa de que su abandono del poder es inminente. Los órganos de seguridad del Estado, dóciles con el hampa, son implacables con los manifestantes.

Las protestas incorporan la tranca de calles y avenidas, principalmente en zonas de clase media y alta del país. Se establecen las "guarimbas" como lugares de reagrupamiento de protestas opositoras.

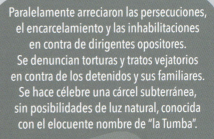

Se trató de una acción contraproducente que generó caos, muertes accidentales y conflicto entre los mismos opositores. El gobierno de Maduro las aprovechó para descalificar a la oposición como fascista y violenta.

Por su parte, el gobierno establece su propia guarimba mediática. Los medios tradicionales se autocensuran. Según los canales del Estado, vivimos en el país de las maravillas. Todo lo que acontece, los venezolanos lo saben es por Twitter. La popular red social se vuelve indispensable para los venezolanos.

Paralelamente arreciaron las persecuciones, el encarcelamiento y las inhabilitaciones en contra de dirigentes opositores. Se denuncian torturas y tratos vejatorios en contra de los detenidos y sus familiares. Se hace célebre una cárcel subterránea, sin posibilidades de luz natural, conocida con el elocuente nombre de "la Tumba".

En la marcha del día 12 de febrero de 2014, son asesinados Juancho Montoya, dirigente de izquierda vinculado al chavismo, y Bassil Da Costa, estudiante que manifestaba en contra del gobierno.

Estas muertes se les atribuyen a funcionarios del gobierno. Al final de esta jornada, el saldo fue de **43 fallecidos**, medio millar de heridos, casi dos mil detenidos y **33 casos** de tortura denunciados por el Foro Penal Venezolano. Las violaciones a los derechos humanos, así como la inflación, iban en aumento.

¡Es plomo al hampa, no al hambre!

La fiscal Luisa Ortega Díaz (antes de saltar la talanquera) acusa a Leopoldo López de instigador de las protestas no autorizadas; se dispone su confinamiento en la prisión militar de Ramo Verde. López se entregó el 18 de febrero.

¡Qué rabo de paja tan grande tienes!

Dirigentes importantes del chavismo se vuelvan críticos de la gestión de Maduro. Lo acusan de haber desvirtuado el modelo impulsado por Chávez. La verdad es que a la gestión de Maduro le tocó pagar las consecuencias de muchos años de políticas económicas erradas que la abundancia de petrodólares ocultaba, pero que sobrevendrían tarde o temprano. La política económica vino a ser continuación de las premisas de su antecesor, de modo que buena parte de sus críticos habían sido los coautores del desastre. El más conspicuo fue **Jorge Giordani**.

Se calientan motores para las elecciones legislativas del año 2015. La oposición concurre unida y obtiene una aplastante victoria, la primera en 17 años, logrando consolidar una mayoría calificada. Cunde el optimismo entre las filas opositoras.

Henry Ramos Allup, de AD, es electo presidente de la nueva Asamblea.

¡En 6 meses salimos de Maduro!

Nuevamente un montón de expectativas de cambio se generaron en las filas opositoras. Ya el régimen se encargaría -como de costumbre- de que se evaporaran pronto.

Como la nueva Asamblea se instalaba al año siguiente, el gobierno aprovechó la corta vigencia que le quedaba a la Asamblea saliente, controlada por el oficialismo, para realizar -en violación clara a la Constitución por hacerse fuera de los plazos y condiciones de la ley- la designación de un Tribunal Supremo abiertamente partidario del gobierno, entre cuyos magistrados estaban incluso diputados oficialistas que llegaron al exabrupto de ser juez y parte en la votación que los hacía magistrados.

Esta acción tenía como finalidad poder bloquear las decisiones de la nueva Asamblea Nacional. A los pocos días de su instalación, el TSJ la declaró en desacato y le suprimió parte de las funciones. El desacato lo fundamentó el TSJ en la incorporación de los diputados electos por el estado Amazonas, cuya elección el partido de gobierno no aceptaba.

Desde entonces la Asamblea Nacional, el Poder Legislativo electo por el pueblo, ha sido desconocida por el gobierno y el resto de los poderes del Estado bajo su control.

La crisis económica, entre tanto, sigue su marcha indetenible. Las consecuencias de todo esto se sienten enormemente en la población. Los productos regulados alcanzan precios impagables en el mercado negro. Los sueldos son insuficientes, a pesar de los incrementos, que nunca llegan a alcanzar a la inflación. Lo mismo sucede con las pensiones. La gente tiene que hacer largas filas, incluso de varios días, sin esperanza de encontrar comida. Comienza un fenómeno que se va a incrementar día a día: la gente recogiendo alimentos en los botaderos de basura.

¡Contra los adecos se vive mejor!

¡Ven a mí que tengo Flores!

Los sobrinos de Cilia Flores, la denominada "primera combatiente", son detenidos por la DEA en Haití y acusados de tráfico de drogas, por lo cual se les abre juicio en la ciudad de Nueva York. En ese entonces, se dijo que el *jet* de los llamados "narcosobrinos" había despegado de la rampa 4 del aeropuerto, de uso exclusivo de la Presidencia de la República. Fueron condenados a 18 años de cárcel por narcotráfico.

El 2016 era el tercer año de Nicolás Maduro en el poder. Se abría la posibilidad de convocar un referéndum revocatorio. Las principales encuestas del país reflejaban un 80% de rechazo al mandatario. Los dirigentes opositores no se ponían de acuerdo para convocarlo. Algunos decían que era "muy engorroso"; otros no lo veían prioritario. Después de 5 meses de diatribas, acuerdan solicitarle el referéndum al ente electoral. Sus rectoras deciden de una vez declarar abiertamente su parcialidad política.

La firmas deben recogerse por cada estado y no a nivel nacional.

Deben pasar el 20% de los electores inscritos en cada estado.

Daremos respuesta a esta solicitud, si acaso, dentro de un mes.

La trampa ya estaba montada: tribunales regionales afectos al gobierno de los estados Aragua, Carabobo, Monagas, Apure y Bolívar anularon la recolección de firmas alegando fraude. El ente electoral suspende entonces el referéndum.

Ya saben, mi tendencia es irreversible.

En el ínterin, una serie de propuestas de diálogo se habían intentado entre gobierno y oposición, auspiciadas, primero por la Santa Sede, y luego con el expresidente español Rodríguez Zapatero como mediador.

No se alcanzó ningún acuerdo y el gobierno finalizó estos intentos de diálogo con amenazas de cárcel para los dirigentes opositores que se negaron a firmar el acuerdo. Por otro lado, la percepción de Zapatero como una figura abiertamente parcializada por los intereses del gobierno tampoco fue de gran ayuda.

En medio de las protestas y cierres de calles y avenidas, falleció nuestro querido Tío Simón. El tenor de los acontecimientos hizo que su partida pasase casi desapercibida, en medio de la confrontación entre esos venezolanos para los cuales, en sus aguinaldos, siempre pedía "cariño y ternura".

Cuando los venezolanos evocamos a las personalidades que nos hacen sentirnos orgullosos de nuestro gentilicio, siempre aparece el nombre de **Simón Díaz,** compositor, cantante, folclorista y humorista. Su fama traspasó las fronteras y sus canciones fueron interpretadas por las grandes figuras del canto mundial. Sus temas y composiciones forman parte del largo inventario de nuestra venezolanidad.

Maduro convoca a una **Asamblea Nacional Constituyente** para reformar la que en su tiempo fue proclamada por Hugo Chávez "la mejor Constitución del mundo". La oposición decide convocar un plebiscito no vinculante para que la población se pronunciara sobre dos asuntos: la convocatoria a la Constituyente y la exigencia a la Fuerza Armada y demás funcionarios públicos de acatamiento al orden constitucional. A pesar del saboteo oficial, especialmente con el silencio informativo, más de 7 millones de personas dentro y fuera del país acudieron a votar. El resultado fue el de negar la convocatoria presidencial en más de un 98% de los votos.

El gobierno hace caso omiso al pronunciamiento popular y sigue adelante. En julio de 2017, sin la participación de la oposición, tras presiones descaradas contra empleados públicos y con apoyo de la Fuerza Armada y el partido electoral, el gobierno colegiado de Nicolás Maduro impone la Constituyente. Un paso más hacia el mar de la felicidad cubano. Según las cifras oficiales, participaron algo más de ocho millones de electores.

La oposición denunció que habían votado poco más de dos millones y que se había cometido fraude. La Constituyente, una vez instalada, se autoproclamó como **supraconstitucional y plenipotenciaria**, esto es, un poder absoluto, sin contrapeso, con lo cual, de hecho, quedó derogada la Constitución del año 1999, ya que la constitucionalidad de ningún acto de esta nueva Asamblea podría ser cuestionada.

Como la lista de los países que desconocieron los resultados es demasiado larga, es más fácil nombrar a los que sí los reconocieron: Cuba, experta en victorias electorales abrumadoras; Rusia, con su larga experiencia de alternabilidad en el ejercicio del poder; la democracia China y los gobiernos humanistas de Siria e Irán. En el continente: Ecuador, El Salvador, Nicaragua y Bolivia. Aquí vale el dicho famoso: "Dime con quien andas...".

¡No estamos solos!

En conferencia de prensa desde Londres, el director de Smartmatic, empresa proveedora de las máquinas de votación al Consejo Electoral, denunció que los resultados ofrecidos por el CNE no concordaban con la votación real.

La diferencia podría estar en el orden de un millón de votos.

La poca esperanza que se tenía en las elecciones como método pacífico para salir del gobierno de Maduro se desvanece para buena parte de la oposición.

Aprovechando ya las pruebas fehacientes de fraude que flotaban en el ambiente, **Maduro convoca las elecciones regionales,** que habían venido siendo aplazadas por él.

Lo hace -no es casual- en el momento de mayor desconfianza opositora en la fiabilidad del voto. Una parte de la oposición decide concurrir, a contracorriente de la opinión pública internacional y de la local, lo cual es visto por un gran número de los electores opositores como una injustificable traición. La oposición se divide por décima quinta vez -para tranquilidad del régimen- y el oficialismo obtiene una aplastante victoria, a pesar de su desaprobación en las encuestas.

¿Y tú qué propones?

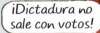

¡Dictadura no sale con votos!

El oficialismo gana 18 de las 23 gobernaciones. Se les exige además a los gobernadores de oposición que se juramenten ante la Asamblea Constituyente -requisito no establecido en la ley- que acababan de desconocer. Todos lo hacen, menos uno: el gobernador electo del estado Zulia, Juan Pablo Guanipa. Es suspendido del cargo por el Consejo Legislativo, de mayoría chavista, y sustituido por una militante del partido de gobierno hasta la realización de nuevas elecciones, que gana -naturalmente- el gobierno.

Ante la crisis alimentaria, el gobierno crea el **"Comité Local de Abastecimiento y Producción" (CLAP)**, un sistema de distribución paralelo -primero en bolsas, luego en cajas- el cual se convirtió en la única posibilidad de acceso a alimentos subsidiados. Casi la totalidad de los alimentos que se vendían eran importados con dólar controlado, un verdadero negocio redondo para los importadores que propiciaba la corrupción. Sin embargo, lo más importante es el **control político** que este sistema permite, con la amenaza permanente de que su suministro depende de la expresión de lealtad política de distintas formas: desde concurrir a actos y manifestaciones públicas hasta acudir a votar y hacerlo convenientemente (para el régimen).

Desesperado por la falta de nuevos ingresos, el gobierno crea una nueva ley para la explotación, por parte de empresas transnacionales, del Arco Minero del Orinoco (112 000 kilómetros cuadrados, 12% del territorio nacional, casi la totalidad de la superficie de Cuba). Se trata de una vasta zona rica en minerales (oro, coltán, aluminio, diamantes y minerales radiactivos). Toda esta superficie es parte del territorio ancestral donde viven nuestros pueblos indígenas y cuyo frágil equilibrio ecológico se ve amenazado. Esta zona es la fuente principal de agua con la que contamos. Ahí están ubicadas las represas hidroeléctricas que suministran más del 70% de la electricidad que consumimos.

En materia de salud, reaparecen enfermedades que ya habían sido erradicadas. Por otra parte, la ausencia de medicamentos y la inoperancia de los hospitales complican el panorama. Los pacientes con necesidades de medicación especial se ven afectados por la inexistencia de medicamentos. Cada vez más personas pierden la vida por temas como: insalubridad de los hospitales (especialmente muerte de recién nacidos), desnutrición, ausencia de tratamientos para enfermedades crónicas, etc.

La sensación de que las vías electorales e institucionales eran insuficientes para salir de Maduro se fue apoderando progresivamente de la oposición. Esta idea dio pie a la expectativa de salidas de fuerza.

En este contexto aparece **Óscar Pérez**, un inspector de la Policía Judicial que también es piloto, actor, entrenador canino, buzo y paracaidista militar. Algunos lo perciben como una suerte de Rambo criollo y otros, como un impostor promovido por el propio gobierno como elemento de distracción frente a las protestas, al más puro estilo de la guerra psicológica tan propia del G2 cubano.

Varias acciones desarrolla Óscar Pérez: desde aparecer en protestas civiles, hasta acciones militares de robo de armas de un cuartel de la Guardia Nacional. Sobrevuela la ciudad con un helicóptero que porta una pancarta incitando a la aplicación del **artículo 350 de la Constitución, que consagra la desobediencia a todo poder usurpador e ilegítimo.** Las autoridades lo acusan de ataques a las sedes del TSJ y del Ministerio del Interior.

El 17 de enero de 2018, Óscar Pérez informa por las redes que están siendo rodeados por varios cuerpos armados del Estado, entre los que participan civiles uniformados de algunos colectivos.

El grupo asediado, a pesar de haberse rendido, es sometido y acribillado. Óscar Pérez y sus acompañantes perecen en la acción. Se comenta que murieron por ajusticiamientos y disparos de gracia. Hay en el grupo una mujer embarazada.

El cuerpo de Óscar Pérez y sus acompañantes es sepultado en medio del mayor secreto y misterio, impidiendo su velorio y que los familiares vieran el cadáver, lo que alimentó las fundadas sospechas. Curiosamente, fue el día de su muerte cuando Óscar Pérez logró la credibilidad que buscaba. No era un montaje: un hombre en solitario había intentado frenar al régimen, sin éxito. Se habló de apoyos al interior de la Fuerza Armada que nunca se expresaron.

¡Menos mal que el 4 de febrero no me tocó este gobierrrnooo!

Maduro reacciona arreciando su persecución en contra de dirigentes opositores, a los que apresa, incomunica y, según varias denuncias, tortura. A algunos connotados comunicadores opositores se les anula el pasaporte en el aeropuerto internacional, lo que equivale a un encierro forzado en el país. El concejal Carlos García muere en prisión al negársele atención médica. De otros prisioneros, como el general Baduel, se desconoce el paradero. Otros son destinados a cárceles comunes, lugares de mayor riesgo y peligrosidad.

Con el régimen chavista, pero muy especialmente en tiempos de Maduro, reapareció en Venezuela un viejo fantasma: **el exilio.** Líderes políticos huyen del país para evitar la persecución y la cárcel. Es difícil establecer la cifra de los que están fuera del país: se habla de más de 50 líderes de niveles alto y medio. Los políticos venezolanos en el exilio han desarrollado un importante papel para dar a conocer la grave situación ante organismos internacionales y también ante los medios de otros países.

Maduro entiende que el **adelanto de las elecciones presidenciales** es lo que más conviene en el momento.

Cuenta con muchos recursos importantes: la segura abstención opositora (sin duda fundamentada en la abierta parcialidad del CNE), el control ventajista del organismo electoral, la sumisión total de todos los Poderes Públicos que no han sido inhabilitados, una **Asamblea Constituyente todopoderosa** bajo su absoluto control y la capacidad para atemorizar a sus propios partidarios en relación con los subsidios que pueden perder si no votan.

Un sector opositor decide participar. Su principal candidato es **Henri Falcón** quien, por su condición de exchavista, recuerda a Arias Cárdenas en las elecciones del año 2000. La desconfianza de todos contra todos es ahora el principal sentimiento opositor. Las redes sociales se convierten en tribunales exprés donde se realizan linchamientos públicos.

Por otro lado, resulta contraproducente el hecho de que la oposición concurra a unas elecciones que desconoce la comunidad internacional. Las elecciones las gana, como estaba cantado, Nicolás Maduro, con el 68% de los votos. La oposición obtiene el 22,2% en medio de la participación más baja registrada en nuestra historia electoral. Falcón denuncia fraude. Como de costumbre, denuncias que caerán en el frustrante olvido.

¡Si nos quitan la Visa, ¡pagaremos con efectivo, camarada!

Los Estados Unidos, Canadá y la Unión Europea aprueban sanciones en contra de funcionarios implicados en delitos de corrupción, narcotráfico y violación a los derechos humanos. Ya en este momento, para muchos Venezuela es un **Estado fallido**, es decir, un Estado cuyo gobierno pierde el control del país. A muchos funcionarios gubernamentales y a sus familiares les revocan la visa.

¡Está haciendo la "dieta de Maduro", ja, ja!

La desnutrición comienza a ser un problema grave, especialmente entre la población infantil, con cifras alarmantes (según la Conferencia Episcopal Venezolana, se habla de más de **200 000 niños en riesgo**). Las carencias en los suministros de alimentos hacen que la población comience a reducir su ingesta, a suprimir comidas para que lo hagan los hijos o a apelar a los nutrientes más baratos, como es el caso de la yuca, que presenta el problema adicional de que, en su variante amarga, similar a la comestible, es venenosa. Se hace cotidiano ver la pérdida de peso de la gente.

Se inicia un proceso inflacionario que no hará más que incrementarse con el pasar del tiempo hasta llegar a la **hiperinflación.** Para paliar la situación, se decretan aumentos salariales que terminan siendo disueltos por el indetenible proceso económico, que hace de Venezuela el país con la tasa de inflación más alta del planeta. ¿La solución? Maduro ordena quitar cinco ceros a la moneda. Ya su padre, Hugo Chávez, le había quitado 3 ceros (¿recuerdan el "bolívar fuerte"?).

Se fija una nueva paridad monetaria: el bolívar soberano, atado a una criptomoneda oficial llamada el petro, que equivale a 60 dólares.

¿Así o más claro, camaradas?

¿Y cuánto vale un petro?

¡PLOP!

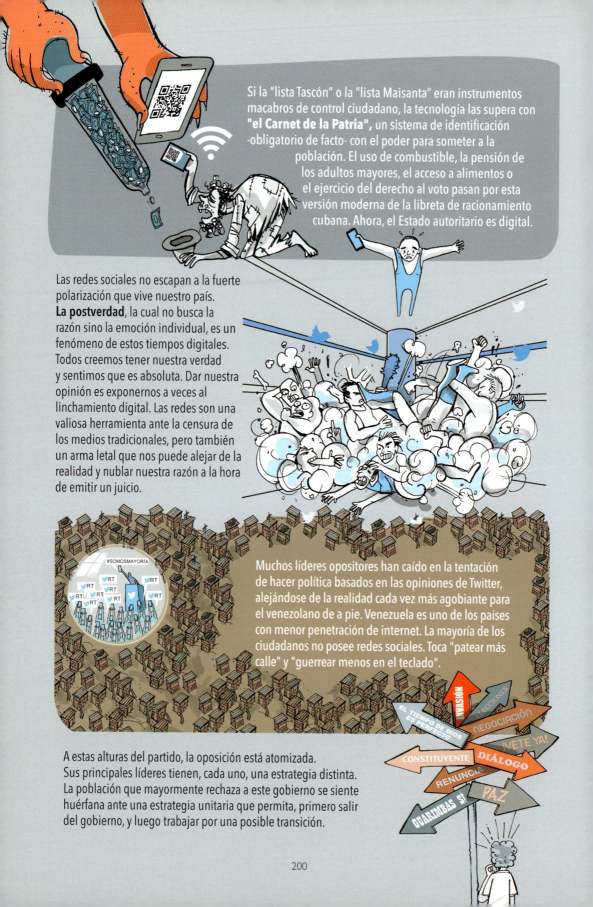

Si la "lista Tascón" o la "lista Maisanta" eran instrumentos macabros de control ciudadano, la tecnología las supera con **"el Carnet de la Patria"**, un sistema de identificación -obligatorio de facto- con el poder para someter a la población. El uso de combustible, la pensión de los adultos mayores, el acceso a alimentos o el ejercicio del derecho al voto pasan por esta versión moderna de la libreta de racionamiento cubana. Ahora, el Estado autoritario es digital.

Las redes sociales no escapan a la fuerte polarización que vive nuestro país. **La postverdad**, la cual no busca la razón sino la emoción individual, es un fenómeno de estos tiempos digitales. Todos creemos tener nuestra verdad y sentimos que es absoluta. Dar nuestra opinión es exponernos a veces al linchamiento digital. Las redes son una valiosa herramienta ante la censura de los medios tradicionales, pero también un arma letal que nos puede alejar de la realidad y nublar nuestra razón a la hora de emitir un juicio.

Muchos líderes opositores han caído en la tentación de hacer política basados en las opiniones de Twitter, alejándose de la realidad cada vez más agobiante para el venezolano de a pie. Venezuela es uno de los países con menor penetración de internet. La mayoría de los ciudadanos no posee redes sociales. Toca "patear más calle" y "guerrear menos en el teclado".

A estas alturas del partido, la oposición está atomizada. Sus principales líderes tienen, cada uno, una estrategia distinta. La población que mayormente rechaza a este gobierno se siente huérfana ante una estrategia unitaria que permita, primero salir del gobierno, y luego trabajar por una posible transición.

¡Patria, socialismo o muerte!

La emigración de venezolanos, que tímidamente había comenzado en los años finales de la mal llamada Cuarta República y se había incrementado con Chávez, especialmente a raíz del paro petrolero, aumenta dramáticamente con Maduro hasta convertirse en un doloroso fenómeno de salida de miles de refugiados al día, personas que piden asilo político o que abandonan el país en las más extremas circunstancias por todas las fronteras.

Volveremos

Ante el grave deterioro del país, surgen algunas tesis que apuntan a un plan preconcebido, puesto que no se da crédito a la idea de que un gobierno insista en la aplicación de políticas erradas. La destrucción del sistema productivo nacional obedecería -según este punto de vista- a un plan de dominación en el que, quien no salió del país, quedaría bajo control total del aparato estatal.

Pero también algunas explicaciones del comportamiento de los líderes del proceso revolucionario hay que buscarlas al interior de la psique.

Un rasgo común en el desarrollo de la personalidad autoritaria es el maltrato durante la temprana infancia y los complejos que en el desarrollo del comportamiento humano este puede producir. En eso de los mecanismos psicológicos, fue muy reveladora la declaración de Delcy Rodríguez:

Es la oportunidad de demostrar lo profundamente humano que es el socialismo. No hay odio.

La revolución es nuestra venganza por la muerte de nuestro padre.

Un buen psiquiatra podría etiquetar esta confesión como un "desliz freudiano", una grave confesión personal, puesto que la venganza nunca está exenta de odio ni se perpetra para demostrar la profunda humanidad del vengador.

El 4 de agosto de 2018 un "dron" contentivo de explosivos explotó mientras Maduro presidía un desfile en conmemoración de un nuevo aniversario de la Guardia Nacional.

La imagen de los militares participantes corriendo en estampida al ruido de la explosión motivó las críticas de la opinión pública. Maduro, por su parte, acusó a un elenco de personas de la autoría del atentado, entre ellos a jefes de Estado de países vecinos -particularmente al nuevo presidente de Colombia, al imperio, como siempre- y al diputado opositor Juan Requesens de estar involucrado, siendo detenido (sin el allanamiento correspondiente de su inmunidad establecido en la ley), incomunicado y obligado a dar declaraciones supuestamente, según algunas denuncias, bajo los efectos de alguna droga.

¡Púyalo, Forrest, que nos invade el imperio!

Con una Venezuela en ruinas, el régimen de Nicolás Maduro, que se proclama antiimperialista, termina de endosar nuestro futuro al imperio chino, buscando un dinero fresco que -sin criterio ni plan económico- de poco servirá para aplacar la crisis.

¡Hecho en socialismo!

De vuelta de su viaje en septiembre de 2018 a China, Maduro se detiene en Turquía para comer en el famoso restaurante de Nusret Gökçe, apodado Salt Bae, quien personalmente lo atiende, con sus habituales malabarismos, frente a una carne que en Venezuela Maduro ha hecho desaparecer.

Las imágenes del banquete se hacen virales y ofenden: mientras en Venezuela la gente muere de hambre, el presidente se comporta como un nuevo rico glotón, fumando lujosos habanos y exhibiendo un costoso reloj. Los ciudadanos lo perciben como una burla cruel. Mientras, una broma hacia él, que involucra a un burro, lleva a la cárcel a dos bomberos merideños.

"Venezuela no se ha perdido porque un ciudadano se burle del presidente. Venezuela se perderá cuando el presidente se burle de los ciudadanos".
Carlos Soublette, 1837.

El régimen implementó una *sui generis* prohibición de salida del país: **la anulación de los pasaportes de opositores destacados, periodistas y personalidades abiertamente críticas al régimen.** El procedimiento es invariablemente el mismo: la anulación del documento de indentidad con el argumento de que aparece en el "sistema" con denuncia de robo. Vaya sistema este.

Esta discriminación política atenta contra la libertad de pensamiento, de expresión y de tránsito. Además, es un elemento que busca intimidar a cualquier ciudadano disidente.

Periodista que no sea rojo, se convierte en blanco.

En este punto nos encontramos. Venezuela se ha convertido en eso que en ciencia política se denomina "Estado fallido", esto es, un Estado que ha perdido todo el control de la conducción del país y solo se sustenta en su capacidad de reprimir y generar miedo. La mirada de la humanidad desde las Naciones Unidas está puesta sobre nosotros. Ya a nadie se le escapa la perversidad del régimen venezolano.

Los herederos de Chávez concluyen el proceso de desmantelamiento de la democracia y **se instaura en Venezuela una dictadura que**, además de ineficiente, ha venido a convertirse en una de las más duras y temibles de nuestra historia.

Salir de esta compleja situación no es nada sencillo. Sobre las cabezas más visibles del régimen pesan todo tipo de sanciones y son reos de múltiples delitos. La única garantía que tienen es la permanencia en el poder. Saben que al estar fuera de él son completamente vulnerables. Por ello, cualquier acción que los mantenga con la sartén por el mango se justifica, sin importar sus consecuencias en términos de vidas humanas, cárceles, exilio o principios democráticos y éticos.

El gran poeta cubano José Martí dijo: "Cuando los pueblos emigran, los gobiernos sobran". Hace tiempo que Venezuela ansía un cambio de rumbo que tarde o temprano terminará produciéndose. Es una tarea apremiante para la ciudadanía venezolana, a la que se le va en ello su propia existencia, así como la de la república.

Venezuela vive uno de los momentos más trágicos y oscuros de su historia. Sin embargo, más allá de la crueldad e incapacidad del régimen que padece, la inteligencia nacional, la cultura, la ciencia y la capacidad de emprendimiento sobreviven dentro y fuera del país en espera de retomar el camino de la democracia y la libertad. Lo hacen no de manera pasiva, sino luchando por su restablecimiento. Puede que a veces sintamos que nuestros esfuerzos son inútiles. No es verdad: el país que soñamos hoy será el lugar en el que vivirán las futuras generaciones. Así ha sido siempre y así será.

Nosotros dejamos aquí este recorrido por nuestra historieta, pero no le quepa ninguna duda, inquieto lector:

esta historia continuará...

CARTA AL LECTOR

Estimado lector:

A lo largo de estas páginas, te hemos llevado de la mano por la historieta de esta tierra que bautizó Colón como "Tierra de Gracia" allá por 1498, frente a las costas de Macuro, en su tercer viaje. Imaginó el descubridor, contemplando la belleza del paisaje, encandilados sus ojos por nuestro verdor, que, tierra adentro, podía hallarse el Paraíso terrenal. Hoy, poco más de quinientos años después, varios millones de venezolanos huyen, como si del mismísimo Infierno se tratase -con Mandinga a su comando- de este "paraíso de la felicidad" del que tanto se ufanan quienes detentan el poder.

Mario Briceño Iragorri señaló en un ensayo, curiosamente intitulado "Mensaje sin destino", que Venezuela padece una "crisis de pueblo", que esta crisis de pueblo requiere lograr reconocernos en una historia que apuntale valores espirituales que sirvan de base a la construcción del "país político". La verdad es que en esto último han sido variados los accidentes históricos que han frustrado nuestros intentos: caudillos, guerras civiles, dictaduras militares, regímenes corruptos y una larga lista de etcéteras. Necesitamos proyectos más que personas, sistemas más que caudillos. Si uno se pasea por nuestra historia, aun sin el rigor de los especialistas -como lo hemos hecho nosotros-, encuentra que en estos doscientos años de vida republicana ha habido notables esfuerzos por la edificación de un país de inteligencia y de virtud. Muchas veces miramos despectivamente nuestra historia, como si más allá de nuestras glorias fundacionales no hubiésemos tenido ningún otro brillo.

Nada más alejado de la verdad, querido lector. Basta un vuelo rasante por nuestro devenir para constatar las luces -como diría Simón Rodríguez- muy brillantes en el arte, la cultura, la ciencia y el pensar. Es la Venezuela civil que la barbarie relega y desprecia cada vez que se enseñorea y, "a punta de lanza y de látigo" -como señaló Miguel Otero Silva- trata de imponer un país a la medida de sus ambiciones personales de poder y fortuna. Reverenciamos a los héroes militares, pero nos olvidamos de las glorias de nuestra civilidad.

Para concluir este libro, queríamos hacer una lista de los héroes con los que ha contado y cuenta Venezuela en el campo de la ciencia, del arte, de la pintura, de la literatura y la poesía, del deporte; de nuestros eminentes docentes y juristas, también de nuestros políticos más destacados, pero calculamos que necesitaríamos otro volumen para nombrarlos a todos, porque dejaríamos por fuera injustamente a mucha gente. A lo largo de nuestra historia se han hecho presentes y están también hoy iluminando caminos, llenando de color y de sonrisas nuestras vidas, salvándolas en un quirófano o enalteciéndolas en una orquesta, en una universidad… y también limpiando un baño. Si alguna enseñanza nos queda de esta tierra nuestra tenida habitualmente como de abundancia y riqueza, es que esta última no se halla en el subsuelo, sino en la cabeza de los venezolanos. Menester es acrecentarla, estimularla, para encontrar en el trabajo honesto y en el esfuerzo sostenido el camino a la prosperidad. Si no le quitamos a nuestro pueblo "los grillos de la cabeza", como preconizaba Andrés Eloy Blanco, seguiremos siendo presa fácil de la tiranía, que obliga a la gente a vender su dignidad cívica y su libertad a cambio de un plato de lentejas. Pero para que la gente no venda su conciencia por hambre, menester es vencerla.

Una dura enseñanza de nuestro devenir es el desaprovechamiento de la bonanza en los precios del que ha sido, en el último siglo, nuestro principal producto de exportación. No nos aplicamos en eso que Uslar denominó "sembrar el petróleo", esto es: transformarlo en punto de partida de otras formas de producción más perdurables y menos dependientes del vaivén de los mercados mundiales, que implicaran menor tentación para la corrupción y para la idea de riqueza fácil que nos indujo a esa actitud que Mariano Picón Salas resumió con tanto acierto: el "vivamos, callemos y aprovechemos" que marcó a algunas generaciones de venezolanos y los hizo callar ante injusticias y arbitrariedades que tenían una contraparte de rentable y abusivo beneficio personal.

Hemos transitado por 520 años de Macuro a Maduro. El chavismo es, paciente lector, uno de esos accidentes con los cuales la historia -cada tanto- le juega una mala pasada a nuestro pueblo, sembrándole una ilusión que desemboca en un abismo.

Aunque sean largas las dictaduras, no son sino un traspié en la construcción de la república que, fundada en 1810, aún lucha por constituirse. Como en el mito de Sísifo, cuando creemos que hemos llegado casi a la cima de la institucionalidad, la piedra se nos vuelve encima y hay que comenzar la tarea nuevamente. Es lo que tocará en el futuro. Si estudiamos nuestra historia -y quisiéramos que esta historieta fuese una invitación a hacerlo-, seguramente hallaremos enseñanzas que nos prevengan en contra de nuevos dislates y nos ayuden a apuntalar bien la próxima escalada.

La experiencia indica que los mejores momentos de nuestro pasado han sido aquellos en los que el poder civil ha prevalecido, aquellos en los que las constituciones han sido expresión del consenso y no de la ambición personal de sus promotores, dispuestos a cambiarlas cuando se les vuelven inoportunas; aquellos en los que organizaciones políticas modernas, ideas y debates sustituyen a los caudillos y los personalismos. Ha sido, en definitiva y con todas sus fallas, el período democrático iniciado en 1958 el de mayor avance y progreso en nuestra historia en todos los sentidos.

Más allá de su territorio, de sus riquezas, un país es un clima espiritual, una mezcla de sensaciones y sabores que habita en el pensar de su pueblo. Es una manera de ser. Urge recuperar aquello que nos une, lo que hace de nosotros "los venezolanos". La idea de Venezuela se recompone en estos momentos fuera y dentro de sus fronteras: en un hospital en Los Ángeles, en un ancianato en Los Dos Caminos, en Caracas; en un cuatro que un compatriota rasga en el metro de Nueva York y en la solidaridad que salva a un niño mediante la donación de un medicamento en Maracaibo. Asumir lo que somos, con nuestros éxitos y fracasos, es parte de lograr esa madurez que nos convierta en un "pueblo histórico", dueño de su destino. Después de este paseo con gracia por esta "Tierra de Gracia" que somos, renace en nosotros la esperanza, no para vivir de glorias pasadas ni para lamentar errores viejos, sino para sentir que somos una nación joven cuya edificación está aún pendiente. Lo que hace de esta historieta -con sus altos y bajos- algo especial, más allá de sus avatares, es que es la nuestra, la que nos define, pero también la que nos convoca a convertirnos, a cada uno de nosotros, en sus protagonistas.

LA DIÁSPORA: UN FENÓMENO NUEVO

Uno de los hechos que, notoriamente, ha puesto de manifiesto el efecto del proceso revolucionario que encarnaron Chávez primero y su "hijo" Maduro luego, es la creciente *emigración de venezolanos*, que comenzó como un lento goteo en los inicios del chavismo y ha venido a transformarse en esta inmensa tragedia que agobia a nuestra población y a los países vecinos, hasta el punto de convertirse en un tema de preocupación global.

Diáspora, éxodo son términos que se aplican a la gran cantidad de personas que se ven obligadas a abandonar su tierra natal. Son palabras de origen bíblico, que aluden a períodos de gran sufrimiento y calamidad para los israelitas. Ciertamente, los pobladores de Venezuela viven hoy una calamidad, con el agravante de que no es producto de una guerra (aunque en nuestro país hay más violencia que en muchos países que padecen conflictos bélicos); tampoco de una invasión (aunque un gobierno extranjero marca el rumbo de nuestra vida) ni de una calamidad natural (aunque nuestros dirigentes tengan la fuerza destructora de un tsunami). Los venezolanos huimos de nosotros mismos.

El proceso de emigración venezolana ha atravesado varias fases: desde los que se fueron por Maiquetía, que sigue siendo la principal salida del país, hasta las largas marchas a pie, por las fronteras, que nos han conmovido a todos.

La manera como se ha ido produciendo la diáspora marca también el ritmo de la creciente desesperación: al principio se fueron los sectores medios, profesionales jóvenes, empresarios que cerraron sus compañías y buscaron nuevos emprendimientos en otros países; gente que disponía de algunos ahorros o que vendió sus viviendas y otros bienes a precios más razonables. Se trató de una emigración, en cierta forma, planificada, apoyándose, en muchos casos, en las posesiones de la nacionalidad originaria de los ancestros a cuyos países de origen emigraban.

¡Se me quedó, no me cupo!
¿Tu vestido de gala? ¿Tu perfume preferido?
No, ¡el país!

> Los venezolanos nunca fuimos un pueblo de tradición migratoria. Quizá el antecedente que más se asemeja sea ese episodio de nuestra historia que se conoce como la *emigración a Oriente* y del que hemos hablado en este libro.

A nosotros, que fuimos un gentilicio tradicionalmente receptor de inmigrantes, nos tocó ahora emigrar, con las dificultades que ello implica en términos de aprendizaje: "Nuevos hombres, nuevos ideales, nuevos procedimientos", como diría Cipriano Castro. Fuera de casa, las condiciones de vida en otros países requieren un proceso de adaptación que va desde las leyes y costumbres hasta la alimentación, el idioma y tantas otras cosas.

Hacer una radiografía de la diáspora venezolana es bastante complejo. Abarca desde a quienes tienen un altísimo poder adquisitivo, hasta a los que comparten una habitación o les ha tocado dormir en espacios públicos. Gentes de modestas fortunas adquiridas en el trabajo honesto, en el ahorro y el esfuerzo, hasta profesionales a los que les toca hacer trabajos que nunca habrían imaginado en Venezuela. Nicolás Maduro, uno de los principales responsables de este exilio, los estigmatiza:

"¿A qué se van? ¡Se van es a limpiar pocetas!".

Si al principio la diáspora resultaba una opción distante para los sectores populares de menos recursos, el deterioro de las condiciones de vida en el país fue conduciendo a grupos cada vez más numerosos de ciudadanos a la desesperación: comenzaron a marcharse los que no tenían ningún plan y remataban lo poco que poseían, hasta la situación que se vive al momento de redactar estas líneas: gente que se va en condiciones extremas, en interminables viajes de autobús o -en el peor de los casos- caminando a la buena de Dios, con lo que lleva puesto.

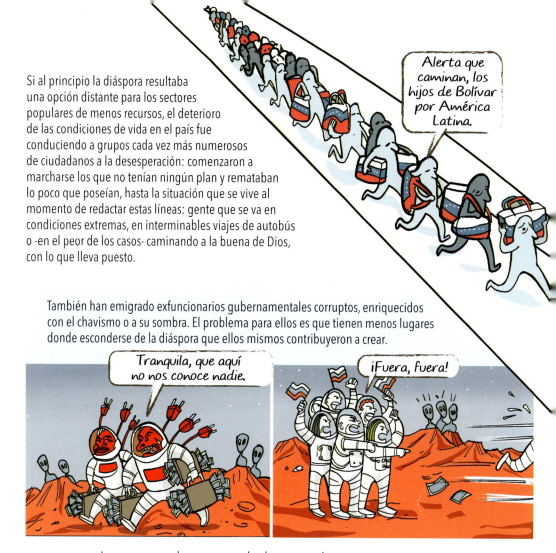

También han emigrado exfuncionarios gubernamentales corruptos, enriquecidos con el chavismo o a su sombra. El problema para ellos es que tienen menos lugares donde esconderse de la diáspora que ellos mismos contribuyeron a crear.

Los que se van y los que se quedan han generado en no pocas ocasiones imágenes distorsionadas unos de otros: algunos de los que se quedan, y además realizan resistencia activa, piensan que los que se van no tienen por qué opinar sobre el acontecer del país.

Se piensa que los venezolanos que están afuera están muy bien porque ganan en moneda dura. La situación fuera de Venezuela es bastante compleja para nuestros connacionales, que han tenido que aprender a cumplir jornadas de muy larga duración y con la necesidad de que trabaje toda la familia para alcanzar a cubrir los gastos. Eso que llaman "el sueño americano" muchos lo definen -con ese humor tan nuestro- como la consecuencia de tener varios trabajos, descansar poco y andar siempre con eso que los venezolanos llamamos "sueño atrasado".

Carlos ya tiene un año en Miami. ¿Cómo la estará pasando?

Desde el exterior -debemos recordarlo- se han realizado extraordinarios esfuerzos por brindar apoyo a la restitución de la democracia en Venezuela. Apoyos que van desde la creación de fundaciones que colaboran con suministros de todo tipo (en especial alimentos y medicamentos), hasta quienes hacen manifestaciones y *lobby* ante los organismos globales y la opinión pública mundial, lo que ha ayudado enormemente a cambiar la actitud de benevolencia que desestimaba la gravedad de la situación de Venezuela, tanto en términos políticos como económicos.

Lo cierto es que resulta inaceptable pensar que quien se va del país pierde por ello su condición de venezolano y de ciudadano inquieto y preocupado. Muy por el contrario, la distancia lo que hace -casi siempre- es acrecentar la angustia por las duras noticias que llegan, que desde lejos siempre se perciben con mayor gravedad, y por el destino de los familiares y amigos que se quedan.

Algunos de los que se van -los más radicales- piensan que los que están dentro del país han caído en el conformismo, que no hacen lo suficiente en términos de confrontar al gobierno; que son cómplices, con su actitud, de la prolongación del régimen tiránico y que, en definitiva, tendrían que ser más aguerridos.

Exigen imposibles, desestimando el miedo que el régimen ha logrado imponer sobre la población civil. Algunos líderes reclaman incluso, dentro del país, comportamientos similares a los que los obligaron a ellos a irse de Venezuela, a causa de la persecución desatada en su contra. En algunos casos extremos, esos que han dado en llamarse "los guerreros del teclado" se convierten en severos jueces que condenan a la oposición en su conjunto, o a personalidades dentro de ella, con la acusación de "colaboracionismo" y traición, que procede de haberse vendido al gobierno por prebendas, beneficios o simplemente por dinero.

Según cifras de la Acnur, hay 1,5 millones de venezolanos fuera del país. Este éxodo masivo, no planificado, ha generado también rechazo en algunos países. Muchos nacionales ven en los venezolanos una fuerte competencia para acceder a recursos escasos, como el trabajo y la salud. Se generaliza culpando a todos los venezolanos por el incremento en la inseguridad, la prostitución y otros males que aquejan a sus sociedades. La xenofobia comienza a ser recurrente en algunos países latinoamericanos.

Menester es decir que hay compatriotas que se llevan la viveza criolla a otras latitudes y creen que ahí pueden repetir los vicios que practicaban en Venezuela y por los cuales, en buena parte, tenemos el país que tenemos.

La diáspora también ha hecho realidad el que Venezuela se convierta en un país exportador de talentos: músicos, médicos, artistas, científicos, profesores universitarios, ingenieros, arquitectos, chefs, escritores, artistas plásticos y hasta humoristas. Para algunos, el exilio ha contemplado grandes dificultades; para otros, la posibilidad de un éxito inesperado o largamente labrado con esfuerzo.

En materia gastronómica, innumerables restaurantes han sido abiertos en el mundo por expertos venezolanos. El éxito foráneo de la comida venezolana o su fusión con las recetas culinarias de otros países es hoy una realidad. Aunque los llamen *deditos de mozzarella*, para nosotros siguen siendo *tequeños*. Nuestra popular *arepa* ahora es conocida en todo el mundo.

¿Regresarán los venezolanos que se fueron?
Seguramente una parte sí; otros se quedarán haciendo vida donde hallaron estabilidad. Sea que vuelvan o se queden, la emigración será un aprendizaje para los que se fueron, para los que se quedaron y también para el país. Allí donde esté un venezolano estará también Venezuela, porque el país, que en cada uno ha sido esta misteriosa combinación de anhelos, sensaciones, luces y sombras que nos mueven desde tiempos ancestrales, estará presente: en la arepa del desayuno, en la bendición que un hijo pide a sus padres y abuelos, en la palabra *chévere* y en las múltiples nostalgias que poblarán los días cuando una canción, un acento o un olor evoquen los recuerdos que anidan en nuestro ser y que nos hacen a todos, adentro y afuera, parte de esa compleja noción, que en el fondo solo existe en nuestras cabezas, a la que llamamos *Venezuela*.

MESA DE TRABAJO

promotores de la independencia la querían, pero también temían que fuera más perjudicial para sus intereses."
→ Aquellos hombres iban a ser víctimas de un "terror" mucho más sangriento que el 93. Pues si bien en Francia la revolución fue exclusivamente en "París, aquí lo fue en toda Venezuela"
GRUPOS SOCIALES
(Contrario a la indep.)
Los insurrectos
- Filosofía revolucionaria francesa
- No les importa perder sus fortunas
- Los fundadores de la libertad
- Grandes propietarios y comerciantes.
Ligados a la producción Nacional (quiere la independencia, pero sin guerra ni sangre)
(libertad pero con pueblo esclavo y sumiso)
- Este grupo por presión de los demagogos declara la independencia
- Por sus contradicciones internas ocasiona la caída de la I Rep.
④ El pueblo.
- No son tenidos como humanos
- Ven al Blanco con odio interno.
- El libre era como el esclavo, pero este tiene la ventaja de la protección del amo.
cuando llega Miranda hay dos corrientes
MODERADOS
RADICALES
→ Sociedad Patriótica
- Opinión pública
MIRANDA - Explota el odio de la gente de color
- Exalta Blancos
- Libertad, Igualdad.
1811 - Los moderados y los timoratos saluron igualmente perjudicados como consecuencia de los ardientes discursos de la
→ Sociedad Patriótica
Nieto de la Roi
Alemanes
Tenemos unos
LA SOCIEDAD COLONI
BLANCOS
INDIOS
- habitantes originarios
- Selva
- Misiones religiosas
- Pueblos para INDIO
PARDOS
- mayoría de la población
- mezcla
- oficios manuales
PARDOS ARTESANOS
SOCIEDAD COLONIAL
Blancos
criollos
"mantuanos"
"grandes cacaos"
69
16
de nuestro país.
sesión extraordinaria
casi unanimidad en
condenar el golpe... algunos de forma
Clásica
otros:
Muerte a los golpistas
casi Todos
Caldera y su discurso
Lo oyó
condenó...
y a la vez no

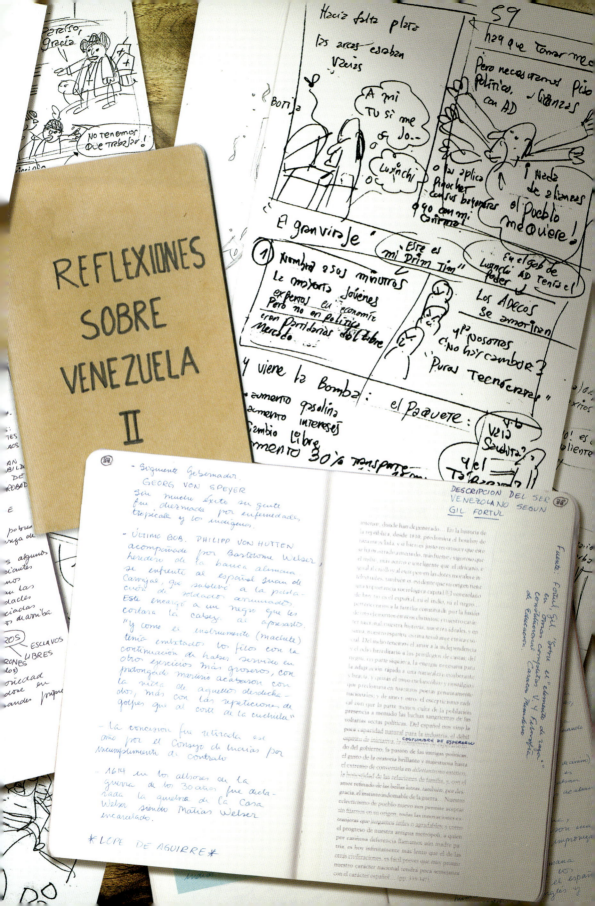

VENEZUELA:
EL HORROR Y LA ESPERANZA

Fotos: Miguel Gutiérrez. @miguelgutierrezphoto

Esta obra fue realizada por EDO en abril de 2017. Fue inspirada en el *Guernica* de Pablo Picasso y es un manifiesto contra la violencia y la represión ejercidas por el régimen de Venezuela hacia los manifestantes que salieron a la calle desde febrero de ese mismo año. Muchos de ellos fueron asesinados a quemarropa. La obra se viralizó por las redes y fue colocada como mural en distintos puntos de Caracas. Es un pequeño testimonio para que no olvidemos el tiempo oscuro que vivimos.

BIBLIOGRAFÍA

Todo lo que aparece en esta historieta lo inventamos nosotros. La eventual coincidencia con algunos de los libros, ensayos y personajes nombrados de seguido es entera responsabilidad de ellos. A continuación la lista, en estricto orden analfabético:

- Zapata, Pedro León. De Zapata, todo: desde caricaturas hasta conversaciones personales con él, regresos de madrugada por autopistas luego de funciones en el interior del país, anécdotas, libros... en fin.

- Gil Fortoul con su *Historia Constitucional de Venezuela*. Él era gomecista, pero sabía su broma.

- Alfredo Coronil Hartmann, con su *Sindrome o síndrome de la Atlántida*. Todavía tenemos la duda.

- Las magníficas clases de Historia de Venezuela del profesor Jaime Jaimes Berti en la UCV.

- El libro de *Historia de Venezuela* de Siso Martínez, que nos mandaron en bachillerato y aún guardamos.

- La *Venezuela, política y petróleo* de Rómulo (el de la pipa).

- Del otro Rómulo, *Doña Bárbara* (ya saben, por aquello de la barbarie…).

- Un bojote de cosas de Mariano Picón Salas.

- También un libro de Uslar, pero del hermano, que por ser el otro tan famoso ni lo nombran: Juan Uslar y *La rebelión popular de 1814*.

- El libro de Carlos Rangel *Del buen salvaje al buen revolucionario* (una salvajada de libro).

- Hasta cosas del *ABC* de España, un periódico de derecha. *El País* ni lo abrimos.

- Muchas páginas web y videos viejos que yo tuve.

- El *Mensaje sin destino* de Mario Briceño Iragorry, que -curiosamente- nos llegó a nosotros.

- Consultamos también la página de Aporrea (pero, por favor, esto que no salga de aquí).

- De *El Nacional*, "Rostros y personajes de Venezuela".

- También la revista *El desafío de la Historia* (¡ah! y *¡Hola!*, obviamente).

- De Luis Enrique Alcalá, *Las élites culposas*. Y no sentimos ninguna culpa.

- Hay una *Historia de España* de Menéndez y Pidal, donde nosotros los descubrimos a ellos.

- El *Diccionario de la historia* de Polar, que no hace solo cerveza y harina de maíz. Está *online* y es muy bueno.
- Un montón de cosas de variada índole de Germán Carrera Damas, que es un caballero y sabe más que un pescado relleno, y de Elías Pino Iturrieta, otro *crack* de la historia: diversos materiales suyos, entre ellos *País archipiélago*, aunque todo el mundo dice "archipiégalo".
- De Uslar, el famoso, también muchas cosas, como el celebérrimo artículo del diario *Ahora*, que no es de ahora sino de antes, y donde publicó eso de "sembrar el petróleo", que siempre nos recuerda que no lo hicimos bien.
- De Carlos Oteyza (no Otaiza,¡¿hasta cuando?!) sus documentales, los cuales -dicho en dos palabras- son ex celentes, especialmente el de Pérez Jiménez (*Tiempos de dictadura*), el de Carlos Andrés (*CAP, dos intentos*) y *Mayami nuestro*, que también es suyo.
- De Tomás Helmut Straka Medina, varias obras. Especialmente *La república fragmentada*, de la que leímos algunos fragmentos, y su discurso de incorporación a Locademia de la Historia.
- De Herrera Luque, varios de sus fabulosos libros de historia fabulada.
- De Rafael Caldera, sus *Reflexiones de La Rábida* (La Rábida es un monasterio donde estuvo Colón, cerca del puerto del que zarpó. Recuérdese que Colón se fue de Palos -no a beber; del puerto de Palos de la Frontera-).
- De Laureano (Vallenilla, obvio) su *Cesarismo democrático*. Bastante cesarista y poco democrático.
- El libro *Venezuela independiente*, publicado por la Fundación Eugenio Mendoza, de un excelente autor de apellido Varios.

Claro que no somos machistas. También usamos libros de mujeres brillantes:

- Libros de Inés Quintero, quien tampoco es la hija de la panadera y tiene dilatada obra histórica. También hay reflexiones suyas tanto en la web como en la página de *Guao.org* (además, es presidenta de la citada Locademia).
- También Ana Teresa Torres con *La herencia de la tribu* (habla de una herencia que le dejaron sus antepasados).
- De Mirtha Rivero, *La rebelión de los náufragos*, que -aunque parece el nombre de una novela- es un drama sobre CAP II.

Bueno, hasta aquí la enumeración. Hay muchos más, pero no queremos aturdirlos con la larga lista de gente e instituciones que están en deuda con nosotros. Tampoco les vamos a dar las referencias exactas; investiguen ustedes también su asunto como lo hicimos nosotros. Los libros no muerden.

Foto: Omar Charcousse. @OmarChphotos

Eduardo Sanabria (EDO) es humorista gráfico y artista plástico. Sus caricaturas han sido publicadas en los principales diarios de Caracas, Venezuela.

Dos veces ha sido galardonado con el Premio Pedro León Zapata, que otorga el diario *El Nacional* al mejor caricaturista de la prensa venezolana (2005 y 2008). En el 2007 ganó la Pluma de Oro como mejor caricaturista en el Primer Salón del Humorismo Gráfico de la FIA, Feria Iberoamericana de Arte de Caracas.

Ha publicado 3 libros: HUMOR-ES EDO 1, 2 y 3 (una selección de sus mejores trabajos en la prensa venezolana y en la redes sociales).

A raíz del fallecimiento del maestro Pedro León Zapata, EDO asume el testigo en 2016 para publicar su caricatura diaria en el prestigioso periódico *El Nacional*.

A partir de 2008, EDO comienza su tránsito por las artes plásticas, inclinándose por el Pop Art. Sus temas principales son retratos que van más allá de la caricatura tradicional.

EDO tiene en su haber más de 15 exhibiciones individuales. Ha participado en numerosas ferias de arte en EE. UU. y Asia.

Sus obras han sido exhibidas en Caracas, Seúl, Milán, Shanghái, Mónaco, Miami, Nueva York y Chicago.

www.edoilustrado.com

Laureano Márquez se formó en Ciencias Políticas, con especialización en Planificación Gubernamental. Así pues, ya preparado para gobernar, se dedicó al humorismo. Fue libretista y actor del programa *Radio rochela*, el espacio de humor más emblemático y de más larga duración en la televisión venezolana hasta que Chávez -como a tantos otros nobles proyectos- le puso fin.

Se ha dedicado al humorismo en sus diversas formas: escritura, programas de radio, teatro, televisión y de manera especial a los monólogos de humor, con énfasis en los temas políticos e históricos. También ha tenido actividad como docente en la Universidad Católica Andrés Bello y en su alma máter: la Universidad Central de Venezuela.

Tiene en su haber cinco libros de humor y uno que le quedó serio. Publica semanalmente una columna llamada "Humor en serio" en el diario *TalCual* y en Runrun.es.

En el año 2010 fue galardonado con el International Press Freedom Award, que otorga el Committee to Protect Journalists (CPJ por sus siglas en inglés).

www.laureanomarquez.com

**Dedicamos este libro
a la juventud venezolana,**
pero de manera especial a todos
aquellos jóvenes que nunca podrán
leerlo porque ofrendaron
su preciosa vida luchando
por la libertad y la democracia
en Venezuela.